特色学校聚焦

让教育
温暖而芬芳

许春生◎主编

华东师范大学出版社
·上海·

图书在版编目（CIP）数据

让教育温暖而芬芳/许春生主编. —上海：华东师范大学出版社，2020
（特色学校聚焦丛书）
ISBN 978 - 7 - 5760 - 0537 - 0

Ⅰ.①让… Ⅱ.①许… Ⅲ.①小学教育-文集 Ⅳ.①G62 - 53

中国版本图书馆 CIP 数据核字（2020）第 147384 号

特色学校聚焦丛书

让教育温暖而芬芳

丛书主编　杨四耕
主　　编　许春生
责任编辑　刘　佳
项目编辑　林青荻
特约审读　陈成江
责任校对　王婷婷　时东明
装帧设计　卢晓红

出版发行　华东师范大学出版社
社　　址　上海市中山北路 3663 号　邮编 200062
网　　址　www.ecnupress.com.cn
电　　话　021 - 60821666　行政传真 021 - 62572105
客服电话　021 - 62865537　门市（邮购）电话 021 - 62869887
地　　址　上海市中山北路 3663 号华东师范大学校内先锋路口
网　　店　http://hdsdcbs.tmall.com/

印 刷 者　杭州日报报业集团盛元印务有限公司
开　　本　787×1092　16 开
印　　张　12
字　　数　136 千字
版　　次　2020 年 9 月第 1 版
印　　次　2020 年 12 月第 2 次
书　　号　ISBN 978 - 7 - 5760 - 0537 - 0
定　　价　36.00 元

出 版 人　王　焰

（如发现本版图书有印订质量问题，请寄回本社客服中心调换或电话 021 - 62865537 联系）

丛书总序

好学校的性格色彩

这些年,我与中小学、幼儿园有许多"亲密接触"。从这些学校中,我发现了一个"秘密":好学校总有自己的性格色彩,总有自己的精神属性。

好学校有丰富的颜色

好学校一年四季都有风景。春天,你走进它,有各色花儿,红的像火,粉的像霞,白的像雪;夏天,你置身其中,绿草茵茵,就算骄阳似火,也有阴凉;孩子们可以踢球、打滚,可以任性;秋天,你老远就可以看到,枫叶红了,橘子黄了,婀娜多姿;冬天,你靠近它,香樟绿环绕着你,垂柳枝笼罩着你,你不会觉得单调。当然,环境的价值不在于"装扮",而在于让心灵沉静,让生命多彩。它是生命哲学的演化,是内心深处的讴歌与赞美。法国思想家卢梭说教育的核心是"归于自然"——回归"自然状态",回归人之原始倾向。善良总存在于纯洁的自然之中。好学校总是拥有自然的纯净与原始美,它努力让孩子们与美好相遇。静谧、美好——好学校是温润的。

好学校有足够的成色

成色是衡量一所学校教育境界的一个指标，是一所学校的"育人"含金量。如果一所学校的含金量定位为考试成绩，它的成色就是混浊的；如果一所学校的含金量定位为立德树人，它的成色就是清纯的。黎巴嫩诗人纪伯伦说过："我们已经走得太远，以至于忘记了为什么而出发。"教育是为着我们不曾拥有的过去，为着我们不曾经历的当下，为着我们不曾想到的未来。教育之原点在激发想象，而不仅仅是学习知识；教育之原点在发展理性，而不仅仅是讲授道理；教育之原点在鼓励崇高，而不仅仅是理解规范；教育之原点在丰富经历，而不仅仅是掌握技艺；教育之原点在温暖心灵，而不仅仅是强化记忆；教育之原点在强健身心，而不仅仅是发展智能；教育之原点在点亮人生，而不仅仅是预知未来。回归原点，是好学校的立场。不功利——好学校是纯粹的。

好学校有优雅的行色

优雅是让人向往的，有来源于生命本身的气质。每一个人都行色匆匆，孩子们被课业压得喘不过气来，教师被成绩比较而形成优劣阵营，这样的学校就不会是一所好学校。什么是好学校？孩子们表情舒展，教师们精神敞亮——每到一所学校，我总喜欢以这样的眼光去观察师生的生命状态。我发现，在好学校，孩子们的脸总是明晃晃的，有美好期待；教师的行色总是从容优雅，有专业自信。女孩子沁人心脾，男孩子风度翩翩，生命在人性层面焕发出动人光彩。一句话，每一个生命都自然而然地生长，这里有一种难以言说的气息在校园里弥漫开来、传播出去。面对此，我只能说：好学校是舒展的。

好学校有鲜明的特色

办学特色是一所学校整体呈现出来的系统性特征,集中表现在基于学校文化的课程体系。学校办得好不好,不在于规模有多大,而在于特色是否鲜明,是否有足以体现自己文化的课程架构。好学校行走在有逻辑的课程变革之路上,努力让学校课程富有倾听感,关注学生的学习需求;拥有逻辑感,建构严密的而非拼盘的课程体系;嵌入统整感,更多地以整合的方式实施而非简单地做加减法;饱含见识感,以丰富学生的学习经历为取向;提升质地感,课程建设触及课堂教学变革,课堂教学呈现出新的文化样态。一句话,好学校课程目标凸显内在生长,课程内容突出学习需求,课程结构强调系统思维,课程实施张扬生命活性,课程评价与管理彰显主体向度。好学校关注学习方式的多变性和场景性,学习时间的灵活性和可支配性,学习空间的多元性与舒适性,学习资源的丰富性和易得性,让所有的时空都成为课程场景,让孩子们学习作品的形成、展示、发布、分享成为校园里最美的景观,让时空展现出生命成长的气息和灵动。是啊,好学校有生命里最美好的记忆。

好学校有厚重的底色

厚重的底色不在于办学时间的长短,而在于拥有强烈的文化自信。进入学校,我喜欢看墙上的"文字"。多年经验告诉我,文化不在墙上,很多时候,墙上的文字越多,学校的文化含量越低。道理很简单,大量文字堆放在墙上,说明这种文化还没有被老师们普遍认同,更谈不上内化于心、外化于行;说明这种文化还缺乏影响力,还没有被大众广泛接受,需要宣示和传播。一所学校是否拥有自己的教育哲学,是否拥有自己的教育信仰,是它"底色"

如何的重要侧面。毫无疑问,好学校应该有自己的教育信仰。但是,教育信仰不是文字游戏,不是专家赐予的东西。信仰是从内心深处生长出来的,是从脚底下走出来的,是从指尖流淌出来的,是慢慢地生长、慢慢地走出来、慢慢地流淌出来的东西。唯有"慢慢地"才能"深深地","深深地"才能"牢牢地",扎下根来,进入我们的灵魂,融入我们的血液,成为我们生命的构成,成为我们前行的力量。文化总是无言或少言,但让人作出判断和选择。好学校,你一走进去,一种向往感、追慕感、浸润感便油然而生。因此,好学校是柔软而有力的。

美国思想家梭罗在《种子的信仰》一书中把好学校比喻为"一方池塘",每一个孩子在其中如鱼得水,自由自在,这就是"回归自然"的状态。不是吗?好学校总是这样的——温润、纯粹、舒展、美好、柔软而有力——这也是本套丛书聚焦的一批学校的性格色彩。

杨四耕

2019 年 5 月 30 日于上海市教育科学研究院

目

录

这里,清水悠悠,绿意盎然,鸟语花香,书香弥漫,人文荟萃;这里,有一群孜孜不倦的园丁,不忘初心,立德树人,春风化雨;这里,有一群质朴纯真的孩童,天真无瑕,朝气蓬勃,快乐幸福;这里,课程多元,课堂灵动,活动丰富,为每一个生命的蓬勃生长提供沃土和甘露;这里,每一个孩子都是芬芳的小草,没有一棵小草会错过温暖的春天;这里是知识的海洋,是人才的摇篮,是理想的风帆,是明天的希望,是一个芬芳美好的地方。

第二章
向着芬芳绽放 ———————————— 031

挺拔沉稳,是高山最美的姿态;灵动隽秀,是流水最美的姿态。学校教育最美的姿态是什么呢?教育的目的就是促进儿童的发展,最美的姿态之于学校来说,就是让每个生命向着芬芳绽放。作家罗尔德·达尔曾感慨:"孩子不是小大人,他们自成一个物种。"儿童具有独特的创造性思维,在感知世界时,有独特的看法与做法。作为教育者,我们就是要站在儿童的立场,建立以儿童为中心的教育价值,树立正确的儿童观,了解儿童、尊重儿童,顺应儿童的天性,让每个生命向着芬芳绽放。

第三章
每一个孩子都是芬芳的小草 ——————————— 059

"离离原上草,一岁一枯荣。野火烧不尽,春风吹又生"。平凡的小草,虽然没有高直的青松挺拔,没有清香的兰花淡雅,没有鲜艳的梅花傲骨,但是它却有坚韧的品格。坚韧的品格是我们每个人成长道路上最好的铠甲和护盾,它能够使我们不畏惧环境的恶劣、不畏惧路途的艰辛、不畏惧远方的未卜,始终以一颗顽强向上的心去拥抱生活。每一个孩子都是一株芬芳的小草,不因出生环境而或悲或喜,不因争奇斗艳而或卑或骄,不因前途未知而或茫或恐。每一个孩子都昂扬向上,每一个孩子都能像一面旗帜一样迎风飘扬在芬芳的校园。

第四章
教育是邂逅美好的芬芳之旅 ——————————— 089

教育是人生命旅途中最美的相逢,是人对美一生的追随。人们接受教育的过程是一个享受美好时光的过程。一切美的东西对人都具有神奇的教育作用。教育是人格心灵的唤醒,师生相遇,是心与心的相碰,是心灵的点燃,只有让学生的心灵真正打开,绽放,才能有教育的绽放。教育的美好还在于给人带来价值,同时也有自我的塑造和完善,教师在成全学生的同时成全自己。教育是最美的相遇,是生命旅程中最美的绽放,是邂逅美好的芬芳之旅。

第五章
没有一棵小草会错过温暖的春天 —————— 117

世间一切,都是遇见,遇见,是一切美好的开始。就像冷遇见暖,就有了雨;春遇到冬,有了岁月。教育,也是一场遇见。就像没有一棵小草会错过温暖的春天一样,没有一个孩子不喜欢芬芳的教育。芬芳的教育,是一种润物无声的渐染,不是疾风暴雨的荡涤;是一种春风化雨的感化,不是厉风严霜的摧残;是一种顺其自然的发展,不是千人一面的雕琢。

第六章
让生命成为芬芳的诗句 ——————————— 143

"一花一世界，一叶一如来"。世界的精彩来自生命个体的多样性，人的可贵在于生命的个性生长。教育是一个培根的过程，教育的本质在于立德树人，好的教育在于激发每个生命个体的活力和潜能。儿童有无限可能，培育拥有芬芳内心的儿童是教育的神圣使命。从这个角度讲，教育是一种诗意的修行，芬芳是生命里最美的风景：在这里，每一个孩子都能踏着芬芳的青草地，寻访自己的心灵；在这里，孩子们美丽的心灵、明亮的眼睛、灿烂的笑靥、灵巧的双手和自由的大脑能得到最好的呈现；在这里，孩子们能在最美的年华，做最好的自己，自由快乐地成长。

前　言

教育有诗和远方

　　莺啭轩窗人醒早,一卷新诗,不必他人晓。园里映瞳声稚好,和风吹得桃花笑。谁道杏坛真可恼?素笔长签,正是儒家傲。百黛成泥终了了,闲看湖上烟波渺!(寄调《凤栖梧》)

　　这是我从教二十几年后描绘的一幅校园憧憬图:在黄莺悠扬悦耳的啼叫声中醒来,开始一天的学习生活。小朋友天真无瑕,明亮的眼睛、琅琅的书声,师生之间互相交融的笑声让人心情舒畅,学校里应该按照教育规律,描绘好美好的画卷,等到花落化泥,自然通达明了,悠闲自得。词里表达一个老园丁对教育的一种理解:教育应该是关注师生生命尊严的一种暖心的教育;教育应该是生机勃勃、充满阳光的教育,教育的过程应该是让师生能够智慧应对生活和工作难题的教育;教育应该是安安静静的、有内涵、有追求的教育;教育应该是能凝聚一群志同道合的人一起与学生进行心与心交流的教育。

　　什么是好的教育?我们期望,孩子们走进校园,智慧在这里成长,生命在这里绽放。这里,能给孩子一个最难忘的童年。我们希望每位老师都是云水禅心、深耕细作、爱生如子。或者这样一种自然样态就是我们追求的教育生态。

　　于是,在传承原来校长提出的"学会欣赏、追求崇高""以生为本、全面发展"上初步提出"知书达理时雨润、春风化雨和风吹"的办学策略,设法为师生提供一个愉快合作的学习环境、一个多彩自主的活动环境、一个友爱融洽的人际环境和一个优美、文明的校园环境。我尝试去搭建更多的平台，让师生快乐、全面成长！

后来，我在想，一所好的学校，必须是学生喜欢上学，老百姓认可的教育，必须是有品质、有追求的学校。

深圳市草埔小学始建于 1935 年，现有学生 1 350 人，27 个班，地处清水河腹地——城中村，地缘偏僻，周边环境相对复杂，社区、场馆、家庭等优质教育资源相对匮乏，大多数学生来自打工家庭；据 2016 年 10 月份调查，家长中初中（或以下）文化程度父亲 46.13%，母亲 52.75%。大专以上父母不够两成！周边文化艺术活动场所和设施严重不足，学生的文体艺术生活相对缺乏，促进学生全面而有个性发展的愿景因课程资源不足受到严峻挑战！可喜的是，老师们敬业爱生的教育情怀一以贯之。

面对如此情况，如何促进学生全面而有个性的发展呢？如何让教师的精神血脉历久弥新？如何引领学校可持续发展？

这就需要选择符合实际的特色办学，以此引领学校内涵发展。就要有安放文化灵魂的表达品牌，打造特色文化的制高点。需要先进的办学理念引领，致力于现代学校管理制度建设；需要聚焦学生核心素养与关键能力培养的课程体系来提升学校核心竞争力、提高学校的办学质量；还需要为师生创设健康成长、和谐发展的浓厚氛围，全面提升学校办学品位。

我们凝师心、聚人智，重新梳理学校办学思想、讨论选择合适的课程、提升学校文化内涵，提炼出带有草埔元素、科学系统表达草埔人对教育的理解和追求的概念，草埔小学的"草"让我们想到了草旺盛的生命力，让我们想到传说中的仙人吕洞宾的《牧童》诗："草铺横野六七里，笛弄晚风三四声。"想到王维诗："春风动百草，兰蕙生我篱。"想到郭沫若先生的"一瞬泰山重，百代颂芬芳"，寻迹觅踪，芳草更多是比喻美好的德行和名声，这跟我们"立德树人"的教育宗旨相符合，《周易·系辞》上"观物取象""立象以尽意"。我们在大量征求教师、家长和专家的意见后，决定以充满生机与活力、象征美好与高洁的"芳草"作为文化象征物，致力于修芬芳之品、育芬芳之才、办一所芬芳四溢的学校。由此，我们提出学校的教育哲学：芬芳教育。

我们坚信，学校是芬芳美好的地方；我们坚信，每一个孩子都是芬芳的小草；我们坚信，没有一棵小草会错过温暖的春天；我们坚信，向着芬芳绽放是学校教育最美的姿态；我们坚信，让儿童成为内心芬芳的人是教育的神圣使命。

因而，让教育温暖而芬芳，学校的芳草文化成为我们的文化共识。在每一位教师的教育故事里，都有欢笑间拨动生命心弦的唯美记忆，都有洞察学生成长密码的维度选择。在学生的成长记忆中，有学校难忘的童年活动印记和教师涓涓细流、滋润心田的温情绵绵。

每一所学校都有权定义自己的教育，每一个人都有权利定义自己的目标。我们努力发现校园内外每一个芬芳元素，为不同生命的生长赋能。

让我们带着书香，向着芬芳出发！

深圳市草埔小学校长

许春生

2020 年 1 月 8 日

第一章
学校是芬芳美好的地方

———————

这里，清水悠悠，绿意盎然，鸟语花香，书香弥漫，人文荟萃；这里，有一群孜孜不倦的园丁，不忘初心，立德树人，春风化雨；这里，有一群质朴纯真的孩童，天真无瑕，朝气蓬勃，快乐幸福；这里，课程多元，课堂灵动，活动丰富，为每一个生命的蓬勃生长提供沃土和甘露；这里，每一个孩子都是芬芳的小草，没有一棵小草会错过温暖的春天；这里是知识的海洋，是人才的摇篮，是理想的风帆，是明天的希望，是一个芬芳美好的地方。

致力于办一所芬芳四溢的学校是每一个"草埔人"共同的梦想。建芬芳之校园,铸芬芳之师魂,筑芬芳之课程,构芬芳之课堂,修芬芳之品格,育芬芳之学子,是每一个"草埔人"的共同愿景。

校园环境是无声的教育者,一草一木、一池一亭都是教育载体。除了自然环境之外,校园的文化氛围对学生的成长也至关重要,丰厚的文化底蕴、积极向上的文化氛围,始终如一的办学理念,是学校应该有的文化标志。草埔小学校园环境宜人,清水悠悠,绿意盎然,鸟语花香,书香弥漫,人文荟萃,智慧科技与历史传统相得益彰,自然环境与文化标志交相辉映。漫步校园中,可以深切感受到绿树成荫、鲜花盛开,窗明几净、书声琅琅,文明礼貌、和谐融洽,学生在这样芬芳幽美环境中,自然而然受到真、善、美的熏陶。

教师是最大的教育资源。做有理想信念、有道德情操、有扎实学识、有仁爱之心的"四有"好老师是为师的标准。草埔教师团队不忘初心,立德树人,春风化雨,以塑造师魂、打造师品、提高师能为目标,始终把工作看作是自己快乐的源泉,化作涓涓细流,滋润每一个孩子的心田,让他们在阳光下自由呼吸、率性生长,芬芳绽放。

如果课程是教育的载体,课堂则是载体的轨道,两者相得益彰,才能呈现教育的精彩。童年是人生的一段重要生命历程,童年生活应当是曼妙的诗篇。尊重孩子的个性需求,设计丰富多彩的课程,让孩子们找到属于自己的世界,让童言无忌,让童心飞扬,让童年难忘,是"草埔人"的课程观。我们秉持课程即美好浸润,课程即文化相遇,课程即自由呼吸,课程即生命歌唱的构建思路,按照多元智能理论,开发丰富多彩的芳草地课程,让每一个孩子收获幸福与梦想。课堂,芬芳相遇的舞台。打造以"对话、互动、探究"为核心特征,迸发生命活力、体现芬芳理念、散发芬芳韵味的课堂教学模式,让孩子的好奇心能最大程度地得以满足,奇思妙想可最大限度地得到尊重。

学校是芬芳美好的地方,每一个孩子都是芬芳的小草,教育是邂逅美好的芬芳之旅,向着芬芳绽放是学校教育最美的姿态,校园里没有一棵小草会错过温暖的春天。

(陈东坚)

让孩子成为最好的自己

一个孩子，要成长为一个健康、乐观、自信的人，需要有一个良好的教育环境。一个人的原生家庭，可以说对他的个性形成起决定性作用。但是作为老师，在学生个性成长过程中也能起到作用吗？答案是肯定的。

我做了十几年的班主任，现在又分管学校的德育，广泛地接触了各式家长，看到了一些家长的教育方式，内心深深感到悲哀而愤懑。

上学期，一个六年级的男生 A 勒索一个六年级女生，女生母亲向学校投诉，我接到投诉后，先去找女生了解情况，根据女生描述，男生是以看到女生吸烟，并以拍了照片为由，多次向女生要钱，否则就要把照片放网上来要挟她，女生因害怕，便给了男生钱，但男生反复要钱，最后女生没钱，受不住了才告诉妈妈，妈妈投诉到学校，事情才让学校知晓。事情严重，我马上叫来 A 男生了解情况，A 男生一口咬定是向女生借钱，也没有拍照这事，只是说一说，同时还说是别的学生指使他做的，把事情推得干干净净，说得天衣无缝。我甚至都以为自己错怪他了，但是经过学校、班主任的反复调查了解，其实整件事情就是他干的。为什么他如此会说谎，说得如此自然，态度又如此镇定呢？我觉得这男孩一定经历过什么，我还想了解更多，便想请他的父亲来学校。听男生班主任说其父亲工作忙碌，平时基本请不动的，在班主任说明事情严重性后，他的父亲终于来了。班主任跟他父亲说明情况后，恐怖的一幕出现了，暴怒的父亲勒令儿子跪下，随手拿起门角的扫把棍对儿子一顿狂揍，老师拦都拦不住，乱棍狂揍了七八下，把棍子都打断了，狂怒的父亲甚至把打断了的露出尖尖一头的棍子刺向儿子，幸亏安全主任年轻力气大，一把抢下，否则后果不堪设想。这样暴力而戏剧的一幕就在我眼前上演，把我这个教了几十年书的人彻底激怒了！虽然当着老师面打骂小孩的家长常见，但我仍然感到愤怒。有如此粗暴的父亲，儿子能好到哪里？果然，每个问题孩子，都有一个问题家长，那一刻我明白了说谎的儿子、会勒索的儿子，虽然被父亲如此狂揍，但这个儿子仍然跪在那里，没有哭喊，没有求饶，脸上只是一副与孩子不相衬的镇定、冷漠与仇恨……当我把他拉起来时，他才忍不住双眼含泪，并小声抽泣了。看到这一幕，我知道这就是众多底层打工家庭经常发生的事。我理解父亲生活艰辛，打工养家不易，小孩却如此顽劣，确实让他失望，但当着学校老师的面，如此教子，置小孩的自尊于何处？这位父亲穿着拖鞋进校，一身脏衣服，一看就知道刚从工地赶来，是一位辛劳的父亲，也是一位暴躁的父亲，辛辛苦苦挣钱养家，儿子却不学好。

六年级的孩子理应对父母的艰辛看在眼里，但他却没有看到，只有被羞辱，被打骂后的冷漠和羞愤，我心想，这个孩子长大后，会成为什么样的人呢？将来走上社会，如果不断地被社会否定，他会不会走上反社会之路？等他有了自己的家庭，会不会也成为施暴者呢？我不敢往下想。

心理学家一致认为，体罚是一种单纯的"棍棒＋粗口"的原始教育，对孩子的身心成长极其不利。没有被父母好好待过的孩子，长大后，他的人生道路必定会比其他人痛苦而曲折。

这让我想起学校另一个六年级的B同学，B同学是一个自闭症儿童，从一年级开始，他就是班级特殊的孩子，上课自由走动，随便离开课室，从来融入不了正常的班级生活和学习，遇到情绪不好时，就在班级或走廊大声吼叫，谁都阻止不住，完全是一个失控的"小麻烦"。学校真担心他出意外，出于安全考虑，学校跟心理机构合作，派一位专业的心理老师去帮助他，陪他一起上课，一起做作业，一起玩。幸运的是这位心理辅导老师是非常负责又有爱心的老师，她自己的小孩也是自闭症儿童，为了医治自己小孩的病，她自学心理学考上心理学硕士，自己陪伴医治小孩，因及早干预，得到很好的效果，现在已能正常进行学习和生活。心理老师通过对 B 的爸妈进行心理辅导，并把自己小孩的事例告诉他，B 父母树立了信心，全力配合学校。关键是转变了他母亲，不再因他的特殊而嫌弃他、放弃他，而是接纳他，让他感受正常社会的学习和生活状态，再耐心地一点点纠正他的刻板不正常的认知行为，教会他正常与人相处的方式。过程艰苦又反复，通过一年多的努力，B 同学的行为模式慢慢在修正，六年来第一次能参加体育课，肯参与班级活动，并能完成部分作业。

一个天生心理有障碍的人，通过学校帮助，特别是母亲的包容接纳，以及无条件的爱，他也可以慢慢接近正常儿童的生活状态。而一个正常的儿童，也可以因为不正确的教育方式，让他成为人格有障碍心理不健康的人，这就是教育方式的重要性。

父母的第一使命，就是为孩子提供一个好的家庭环境。父母只要为孩子提供并维护一个好的家庭环境就行。家庭环境好，孩子好；家庭环境出了问题，孩子就成为问题儿童。有时候，孩子"生病"了，需要吃药的并不是孩子，而是家长。随着社会的发展，不平衡的问题的不断上升，现代人的心理问题越来越严重，很多犯罪或自杀等问题都是因为心理问题引起，却不被社会重视，对家长家庭教育培训严重不足，这是很可怕的。作为学校老师唯有认真与家长沟通交流，耐心地与家长合作，给家长正确育儿方式的辅导与支持，还是可以发挥作用的，但是只靠学校远远不够，政府、社区应加强家长育儿、教育孩子方法的培训和辅导。当然，最重要的是家长要有这种自觉性，认识到事情的重要性，自己讲究教育的方法和艺术，用正确的爱与陪伴，关心孩子每一步的成长，在需要父母的时候从不缺位，小孩才能健康成长！

　　我衷心希望，学校和家长能尽量给予 A 类、B 类的同学温暖和爱，让他们成为最美的自己。

　　我也相信，家校携手共进，一定是大有作为的。

（张映辉）

让这芬芳蔓延开去

　　管理一所学校，管理一个班级，管理一名学生，都需要一种管理艺术，我们把它称之为"芬芳管理"。在这种"芬芳"的管理氛围中，才能孕育出"芬芳"的"花朵"。

　　班上有一名男生"小王"，自从我踏入这个班开始，就不断有老师向我"揭秘"："这个小王啊，真是让人头疼！知识基础特别差，而且性格还极其暴躁，动不动就欺负同学。你对他要有心理准备啊！"经过一学期的接触，我反倒觉得小王同学虽然自身确实存在缺陷，但并不像其他老师所说的那样无药可救。于是，在和他建立一定情感基础后，我暗下决心，想尝试能否看到转机。根据我的了解，小王性格的暴躁并不是无缘无故，家庭因素起到很重要的副作用！他的父亲总是一味地以暴力解决小王生活中的问题，比如早上赖床就会被他父亲拿尖物戳眼皮……长期得不到家庭温暖的小王便逐渐养成了暴躁孤僻的性格，经常和同班同学发生矛盾和肢体冲突。因此，我在平时特别注重跟他相处的方法，尤其是谈话方式，我跟他的谈话都会以"兄弟"相称，摒弃传统的师生上下级观念，主动去走进他的内心。我的初衷只有一个，尽量让他知道我并不像其他老师一样厌恶他，反而会给他一定的信任和理解。同时，我会在班上营造成一种班级归属感，让他感受到未曾拥有过的"家庭温暖"。果然，功夫不负有心人，他在一次谈话中终于跟我讲出了他不想学习的内情："以前老师总是对我很凶，所以我很讨厌他们，不想上他们的课，不想带课本。但是我喜欢语文课,我现在只想学习语文了。"当下我立马意识到这是个契机,回应道:"喂,既然你觉得我平时对你还不错,你的成绩是不是也该给我点面子啊?"他羞涩地笑了笑:"你放心,老师,我会的。"其实,对于他的回答在当下我早已习以为常,可是到了当天下午正当我排归程队的时候,突然听到身后有人吼了两声:"老师,老师!"我回头一看,是小王在队伍中间挥着手,当着全班同学的面微笑着继续喊:"老师,我答应你的一定会做到的!"这一幕场景让我顿时心里一抖:这个孩子也许真的有救了!

首先,我们务必让家长认识到,家庭环境和教育方式对于一个孩子的成长会起到至关重要的作用,所谓芬芳的育人环境才能造就出芬芳的育人效果,学生时代借助营造良好的氛围去影响他们的言行是最有效的捷径;其次,他的表现让我真切感受到一位老师平时的一举一动对于学生的内心感触会有多么深刻,以"芬芳"的教育行为去影响你的学生,让学生每时每刻都能感受到来自身边最熟悉的老师的榜样力量,这也许就是"芬芳教育"最直观的效果。

伴随着教改的春风,学校也积极投身于这轮新课改中,作为一名班主任,我也想借助高效课堂中"小组建设"课堂教学模式实践成果,将其延伸至班级日常事务的管理。第一步:让全班学生通过自主选举产生 14 名小组长,再由这 14 名民意投票产生的组长按轮次自行选择自己小组的组员(每一轮只能选择一名组员),最终诞生了完全由他们选择产生的 14 个学习小组,并在这之后让每组自行确定"组名"和"口号";第二步:向全班学生声明"小组建设"的相关制度和管理方法;第三步:定期(每两周一次)召开小组长会议。通过这样的大胆创新,涌现出了许许多多管理班级、管理同学的能手,也算是挖掘了他们身上以前没被发现的潜质。

相较于之前的传统治班方式,这种利用"小组建设"来管理班级的模式,能够极大地扩大学生的参与面和参与积极性,增强每名学生对自己所处小组的认同感和集体荣誉感,刺激学生的积极性和共同参与意识,让学生不再"孤军奋战",同时拥有前所未有的责任感、使命感。一个有爱、有荣誉感的班集体,对于学生而言不再是束缚,而是后盾。此举最大的意义在于"生生影响",用优秀学生的芬芳品德、芬芳行为去引导其他学生。当然这种"生生管理"的模式绝对不是等同于让班主任对班级事务不闻不问,由于学生自身管理能力有限,肯定会不定期出现一些"棘手"的问题甚至是"冲突",这时班主任的适时介入及巧妙化解就显得尤为重要,期间既可以把管理理念和方法传授给各位"小领导",也可进一步了解各小组所存在的问题和小组长存在的困惑。班主任在其中应该扮演引导者、调解员、保障员等多重角色,只要是学生需要而且无法胜任的,班主任这瓶"万金油"就要"插位补空",力保"小组管理"的顺畅运行。总而言之,只要把这种方法和"班集体荣誉感"有机地结合在一起,学生肯定会在这种"芬芳"的班级氛围中受益匪浅!

我们有幸在如此芬芳的环境中教书育人,学生也庆幸于在芬芳的集体中茁壮成长。我们吸收来自彼此给予的养分,也致力于让这份芬芳的香味继续蔓延开去⋯⋯

(郑思勋)

因为有你　芬芳不已

　　草埔小学地处罗湖区插花地带,是一所位于城中村腹地的公办小学,周围环境脏、乱、差。由于小学生的行为大部分是从家长、学校、社会中习得,学校周边环境差,在一定程度上不利于学生良好行为习惯的养成。我国著名的心理学家林崇德教授指出:"小学阶段是道德行为、习惯培养的最佳期。"教育家叶圣陶也说道:"教育就是培养习惯。"所以,不论是从社会、学校、家庭都应该给学生营造一个健康良好的成长空间,合力培养学生良好的行为习惯。

　　记得一次上班的早晨,快到学校门口,正好看到一位二年级家长送孩子到学校,孩子边走边吃手中的包子,只见刚把最后一口包子吞下,随手就把装包子的塑料袋丢在了地上。实际上,离他不到五米的地方就有垃圾桶,和他同行的母亲也并没有觉得哪里不妥,竟然也没有阻止孩子的行为。我作为一名教育工作者,而且分管学校的德育工作,看着校门口不时有丢弃的牛奶盒、零食袋等垃圾,心里五味杂陈很不是滋味。

　　出于德育工作者的职责所在,我思考了很久,学校利用班会课、国旗下讲话、红领巾广播站每天都在教育学生养成良好的行为习惯,争做文明的小学生。甚至就在上星期,我们还在全校开展了"你我文明一小步,城市文明一大步"的主题教育活动,大队委带着学生进行了宣誓和签名活动,我自认为教育活动开展的很顺利,可是为什么还会出现这么不文明的画面呢? 我随机问了几个学生干部,他们都明白不能乱丢垃圾,但是回到家里或者在学校外就觉得没有老师的监管觉得无所谓了?这也给我提了个醒,学生行为习惯的养成不能仅仅停留在喊口号,也不是仅靠值日生对学生不良行为扣分就可以完成,归根到底要学校与社区、家庭一起联动,培养学生良好的行为习惯,内化于心,外化于行。于是,学校德育部门经过充分调研,立足于我校学生特点及身心发展需求,围绕"养成教育"这个重心,内容主要涉及学习习惯和行为习惯两大类,列举了33个具体习惯,编写了《好习惯伴我成长》校本教材,以"好习惯教育"为抓手,潜移默化地浸润学生的日常管理与教育。其次,为了让学生注意平日里的行为,提高学生的自控能力,抓住学生争优向上的心理特点,学校德育部门给每名学生印发了"文明小存折",上面有学生自己照片和姓名,可以在存折里面储存在学校学习和行为活动中的好习惯、好行为。比如文明之花主要是奖给德行美、纪律佳的同学,包括两操认真动作规范、热爱劳动随手捡起身边的纸屑、课余时间不乱跑喧哗、放学时归程队整齐有序,所有的表现我们将会由值日行政、执勤阿姨、班主任老师等为学生奖励文明之花。学习奖章则是由任课老师颁发,比如课前认真预习、按时、优质完成作业、上课认真听讲、积极发言都会获得学习奖章。学生集齐十个奖章或文明之花,在课余时间可以去社工部换取一颗财富星。我们会统计出第一批积满十颗财富星的同学,评为"文明之星",届时由班主任和学生一起走红毯上台领奖,通过精神奖励,每个获奖的学生脸上都洋溢着幸福与自豪的笑容。通过这一系列好习惯、好行为养成制度,逐步建立起学生的自律机制,培养了学生的自我管理和自我教育的能力。

一个人走得快,但一群人才能走得远。在教育中我们发现单从学校的努力是远远不够的,在家访和家长调查问卷中,我们看到家长受教育程度普遍不高,很多家长提出不懂如何教育孩子,也不懂如何与孩子有效沟通。我们德育部门找到了草埔西社区的站长,期望社区家庭一起联动开展家校共建,获得更长远的发展。在草埔西社区罗站长的穿针引线下，把深圳市幸福家庭研究院的公益项目引进学校，成立了"幸福家"草埔小学家长成长中心，公益讲师围绕科学有效亲子沟通技巧、如何培养孩子的好习惯等家长们迫切希望学习的课程。每学期开设8次课程，参与培训的家长达400余人次，其中有100多名家长获得优秀学员的称号。通过这些广受欢迎的课程，家长们深入理解了有效的亲子教育理念，获得了更有效的指导孩子成长的方法，促进孩子的身心健康，提高了家庭幸福感的意识和能力。截至目前，学校已经开展了四届幸福家庭培训项目，惠及社区400多户家庭。第三届优秀学员一（1）班覃艺扬爸爸在学习感悟中写道："通过这8次的'幸福家长培训课程'的学习，我对家庭教育和亲子关系的理解更深了，同时开拓了视野，更荣幸地结识了两位优秀的讲师——黄旭焊导师和罗黎静导师。在这里我真正感受到草埔小学对于我们家长的教导真的是全方位的，覃艺扬能够在草埔小学读书，我想说非常感恩，非常荣幸，谢谢所有帮助孩子们的社会机构和老师们！"

对学生文明礼仪的德育管理体现了我校全员育人的理念。全员参与德育管理需要首先认识到德育管理的职责并非只属于学校管理者。应当引导学生自主管理，做到学校人人都是德育工作者；其次，德育管理需要全方位渗透，在德育目标顶层设计时，构建学校到家庭社区再到社会三位一体的网络，团结一切可以团结的力量服务于德育管理。

（杨振中）

教育是眷注生命的芬芳之旅

教育是一种诗意的修行，更是眷注思考的路程。当教育开始发生就与芬芳的生命之旅不期而会。

接手这个班级后，我首先思考的是：我应如何制定班规最有效？传闻这是一个优秀的班级，新手上路的我倍感压力，万一带不好孩子们，我该怎么办？众人都知道班规主要涉及学习、纪律、出勤、卫生等诸多方面，班规可以让孩子们知道什么该做和什么不该做。班规是体现班级芬芳教育的核心，可是该怎么制定呢？这让我很头疼。经过一番琢磨，在小组合作的基础上，我创立了"积分小组制班规"，具体有学习、纪律、卫生等方面，分为加分项和减分项。一开始每个小组星期一基础分有 50 分，大部分的孩子作为登记处管理员，比方说上课发言加 10 分就到班长那里进行登记，作业 A＋可以到学习委员处进行登记。另外在加分项中格外重视小组合作代表展示，一次可以加 15 分，赢得满堂喝彩的还可以获得"优秀展示"的称号，为小组加 25 分！班里的孩子们听到这个制度都纷纷激动起来，为了让每个小组的力量凝聚成一股绳，我让十个小组长组织组员，为自己的小组制定组名、口号、组规等等。孩子们的自由成长可以从他们自己取得组名看出来：有"马不停蹄""霜月""孤白""闪电战狼""清华北大""皮蛋瘦肉粥""向日葵小班""幸运""优质学霸""向梦"。听起来多么可爱！

由此，我坚信"班规不会压抑学生的个性"。刚好相反，"积分小组制班规"经过确定范围、发动学生、归纳总结、公开征求意见、成文、宣传等环节,恰恰体现了班规是班级芬芳相遇的舞台;班规是引领学生走向芬芳的必经之路。自由——芬芳教育下的自由,一定是为了对孩子的行为、个性的形成及发展起引导作用,促进学生身心及个性向积极方面发展。相信在班级芬芳氛围的引领下,我班孩子定能至真、至善、至美、至健。

我想起之前"贴在黑板上的日记"一事。为了更好地了解我的孩子们,我每天都选择班级里的一件事写一篇日记,第二天的早晨贴在黑板的右下角。我写的都是真人真事,有时候还会写写上课时的心得,有时会在日记里表扬有进步的孩子,有时候会婉转地批评某个孩子并且寄予厚望和鼓励。通过我的日记,孩子们学习的兴趣倍增。

孩子,是太阳的使者,如何让每一个孩子循着芬芳寻访自己的心灵?"草埔人"走坚守"芬芳德育"的路径,即:心灵比心情更重要,体验比知道更重要,身教比言教更贴心。是的!让孩子们在芬芳之中不知不觉的成长!让孩子们成为最美妙的诗句!让每一个孩子成为最美妙的诗句!因为"贴在黑板上的日记",孩子们都知道了我是真正地时时刻刻都在关心他们,因此孩子们就愿意与我敞开心扉,很多时候,他们会主动在日记里向我反馈他们的想法。芬芳的人生既有仰望星空的诗意,又有脚踏实地的坚定。被老师写进日记里的学生或者从中看到自己的不足,或者被老师的鼓励所感动,都乐于接受批评并以自己的实际行动回报老师。"贴在黑板上的日记"增进了师生间的相互了解,互通了感情,营造了一种宽松和谐的学习氛围。让孩子认识自己,唤醒自己,抵达最芬芳的自己!这是一个"芬芳教室",在这里,芬芳是一种朝向,幸福才是目的。班级里有快乐,有收获;这里有故事,有传说……在这个教室里,好奇心能最大程度地得以满足;在这里,奇思妙想可最大限度地得到尊重。培养芬芳的"诗心",从每一个班级细节做起,相信美好,终会芬芳。

在"草埔人"看来,芬芳,就是师生心灵的美好与安宁;芬芳,就是抵达最美人性的谱写;芬芳,更是"草埔人"最虔诚的信仰。

教育是眷注生命的芬芳之旅！让我们潇洒自如，拨开迷雾，拥抱晴天！

（庄丽丽）

做有芬芳的教育

　　草埔小学地处清水河城中村，艺术教育缺少孕育的沃土，所以在学校音乐课堂教学中，往往面临许多难题。如孩子们唱歌的节奏、音准和对音乐的感觉等方面都时常让音乐老师们焦头烂额。但，学生是具有可塑性的群体，学校为了弥补学生学习音乐的不足，搭乘着教改的春风，结合教改方案，扎实推进"四大行动"，并结合实际情况，因地制宜整合教学资源，重塑课程结构，创新课堂内容，将携带方便、音色优美、适宜学生吹奏、符合集体教学的竖笛引入音乐课堂，开启芬芳成长的篇章，奏响芬芳教育的乐章。

　　自从竖笛进入课堂后，每一名学生的兴趣都非常高涨，每一名学生都怀揣着一颗好奇的心，探寻着竖笛的奥秘。在竖笛教学过程中，给我印象最深的是六（4）班的一名男同学，我亲切地唤他为翔翔。翔翔性格稍微偏内向，平时不是很爱讲话，但是非常热爱艺术，喜欢跟音乐有关的一切活动，凡是课堂上要用到竖笛来演奏的环节，我都可以强烈地感受到他看我的眼神中散发出的那股充满期待的目光。每每在吹奏练习过程中，他都要举手叫我到他面前进行指导，然后小脑瓜里总藏着十万个为什么，请教我各种各样的问题，如："老师这个地方怎么吹啊？""老师这个地方好像节奏不对吧！""老师这个……"而我特别喜欢看他发出疑问的样子，因为孩子质疑就代表着正在学习，而学习本身就是一个个疑问背后诞生的成果。所以每一个问题问完，我都会非常耐心地解答他、教会他,渐渐地因为竖笛,让他更加地热爱上了音乐课,也正是因为他的存在,带动了整个六(4)班的竖笛演奏水平不断提高。由于他热爱竖笛到了痴迷的地步,不光上课努力学习,下课后还热心地帮助班上一些吹奏基础比较差的同学提高演奏水平,同辈辅导,告诉同学们吹奏竖笛的好处和竖笛演奏的美妙之处,燃起同学们的音乐兴趣,与他们共同进步。最终六(4)班全体同学,在学期末参加全区中小学生"课堂+乐器"成果展演中,获得全区"一等奖"的好成绩,喜极而泣,令我终生难忘。我还很注重课堂生成,在课堂教学过程中,我经常通过运用齐奏、独奏、合奏、轮奏等多种音乐的表现形式,充分地激发学生学习竖笛的兴趣,提高了学生识谱、视奏、音准、节奏、乐感等综合能力。让学生更加喜欢上音乐课。同时,加强了学生的合作能力,提升了音乐应变和协调感知的能力,我还努力搭建更多的展示舞台,让学生们在表现中促进音乐素养的提升。

"兴趣是孩子最好的老师",唐代诗人李白曾赋诗:"谁家玉笛暗飞声,散入春风满洛城。此夜曲中闻折柳,何人不起故园情。"这首诗正是表达出音乐的魅力,精美的笛子发出悠扬的笛声,在安静的夜晚随着春风四处飘扬,传遍整个洛阳城,牵动诗人的思乡之情。再如李煜的"笙箫吹断水云间,重按霓裳歌遍彻"。箫歌声声,虽是《霓裳羽衣曲》,却是道不尽的家破国亡之殇,不禁让人悲从中来。音乐有共鸣的作用,音符和音律的相和、变化、缱绻,都让人沉浸在一种或喜或悲,或忧或嗔的情感之中,这也是音乐最动人的地方。

记得在一节音乐鉴赏课上,我播放了班得瑞的《安妮的仙境》,让学生们闭上眼进行聆听,他们一开始还躁动兴奋,在开始播放后渐渐地融入到音乐的场景中,闭上眼,用手撑着自己的小脸,十分安静,后来部分学生脸上露出了幸福甜蜜的笑容。音乐结束后,我问那些脸上浮现笑容的学生,他们有的回答想起妈妈带着去游乐场玩的场景,有的想起在春天的早上,鸟儿叽叽喳喳,绿树成荫的景色,推开窗一阵芬芳,清新的空气让人觉得愉悦清爽。

　　生命犹如一根纤细的小草，音乐就是以一种柔软的方式，让这棵小草在春夏秋冬都努力不懈地彰显出自己的价值。它在有声之中幻化无形，浸润心灵，陶冶情致，塑造品行，为生命的土壤增添生机。这是音乐最简单最原始的魅力，也是音乐教育的最初形态。它去伪求真，似荷的清雅，似兰的芬馥，也有牡丹的绚丽与荣华。

　　音乐就是这般芬芳。她没有绝对的目的性，只是为了让孩子回归最本真的快乐，让每个孩子在生活中通过音乐找回本我，探寻一个真实的自己，散发芬芳。

（赵永刚）

课堂,芬芳的舞台

教育是芬芳的事业,课堂是芬芳的舞台。

作为一名小学体育教师,在学校倡导的芬芳教育理念影响下,我对芬芳课堂积极践行。我在教学设计阶段不仅追求教学目标的明确、教学内容设计的丰富、教学过程的立体,而且在教学方法方面也尽可能追求灵动。

执教篮球的"行进间运球"前,我从班主任处了解到班里很多学生最近由于流感请假了。基于此种情况,我决定采用翻转课堂教学模式实施教学。首先设计制作篮球的"行进间运球"教学视频,然后再将教学视频上传至微信群中让学生提前观看,并要求学生在家练习。正式的课堂教学中,再基于教学视频引导学生有的放矢进行篮球的"行进间运球"学习。整个课堂学习过程中,由于之前同学们已通过教学视频了解了篮球的"行进间运球"技术要领,因此我并未花费过多时间用于技术要领讲解,更多的则是要求学生自主练习、合作练习,在此基础上引导学生讨论,教师纠错。通过翻转课堂教学模式的有效实施,同学们快速掌握了该技术动作。这样的教学方式受到了同学们的普遍欢迎,通过教学视频的学习,即使很多没来学校上课的同学同样掌握了篮球的"行进间运球"技术动作。

由于芬芳课堂倡导教学方法的灵动,因此在具体的体育课堂教学中,我还经常采用如下教学方法:情境教学法、合作学习法、趣味教学法等。为更好地体现芬芳课堂的灵动性,有时还会让学生担任"小老师",由学生主导课堂教学。这样的教学方法不仅充分调动了学生的课堂参与积极性,同时也让他们深刻体验到老师的教学不易。由于取得成效显著,因此每逢工作之余、闲暇之时,我总会自觉探寻新的教学模式,希望让多元教学方法出现在芬芳课堂之上,让体育课堂更为"芬芳"。

总之,在多元灵动教学方法的影响下,同学们的体育学习兴趣更高了,他们不仅爱体育,更爱上体育课。芬芳是教育的本质追求,是教育的诗意境界。教学方法的灵动不仅是芬芳教育的完美体现,更是关爱学生、让学生感受教育芬芳的重要路径。

自受到芬芳教育理念影响后,我切实感受到之前的教学评价方式确实过于"武断",不利于调动学生的课堂参与积极性,不利于激发学生的体育学习兴趣。于是,我一改原教学评价方式,积极应用多元教学评价方式。例如,执教"立定跳远"时,发现很多学生练习一段时间后失去练习兴趣。看到此种情况,我微笑着说:"刚才同学们的立定跳远练习表现很不错,大家在练习过程中能积极参与、拼尽全力,这一点老师感到非常欣慰。老师在你们这么大时都没有你们这么有毅力,有拼搏精神,你们将来一定会成为了不起的人……"听到教师的赏识性评价,同学们立即振奋起来,纷纷站起身踊跃要求再次参加立定跳远练习。在课堂结尾阶段,我不仅对学生的整体学习表现进行评价,在此基础上还积极要求学生自评和互评。通过自评和互评,同学们不仅总结了自身在立定跳远练习过程中存在的不足,还总结出立定跳远的很多有效经验。由此可见,多元教学评价确实有利于学生的成长,有利于促进"芬芳课堂"的形成。"芬芳"的教学评价方式不仅是多元的,更注重尊重学生的学习主体地位,注重过程性评价。

有一种芬芳叫平凡,多年始终如一;有一种芬芳叫快乐,始终相伴课堂。希望在不久的将来芬芳教育理念会影响到更多体育教师,引导其积极应用芬芳教育理念打造出更加完美的芬芳体育课堂。让芬芳洒满人间,洒满体育课堂。"芬芳教育,体育芬芳",这必然会成为我一生的追求!

（刘文锋）

芬芳课堂有"秘语"

　　叶圣陶先生说:"凡是当教师的人,绝无例外地要学好语言,才能做好教育工作和教学工作。"教师只要掌握语言艺术,才能增强课堂的生命力,才能铸就学生高尚的灵魂,让学生循着芬芳的诗情,邂逅一场美妙的生命之旅。

　　在小学数学教学中,教育语言有着很强的规范性——语言本身就是知识,还有着很强的对象性:对象都是理解力、接受力尚弱的小孩子! 所以教师语言应该是多方面艺术的结合,除了要准确凝练、简明扼要、富有逻辑科学性、启发性外,还要符合孩子心理特点、生动直观且充满趣味性。好的教学语言以尊重孩子的天性作为教育起点,散发香气,引领孩子绽放生命的芬芳。是的,我们的教学一定要添加芬芳"秘语"——生动形象化的语言。

　　在二年级初学乘法口诀的意义时,课本上出现了这样一道看图连线题:

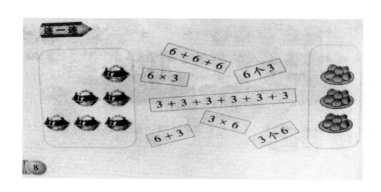

所有的算式连好后,剩下了 6＋3 这个式子,很多学生就非常疑惑了:为什么它不连呢?学生即使知道这个式子不能表示两幅图中的任何一幅图,但是还是想把它连起来!

学生问我:"老师,这个不连吗?不连的话,那它放这里干嘛?"

我笑着说:"这个 6＋3,不能代表图片的意思,就是个干扰项,不用连了!"

学生疑惑了:"干扰项是什么意思?"

当时作为新教师的我完全没有意识到二年级小学生对"干扰项"这个词是无法理解的,于是沉默了几秒,解释:"干扰项呢,嗯,就相当于这所有算式里面的一个'小陷阱',就是要测验你们够不够灵活,不掉进'陷阱',成功从'陷阱'上跳过去,让它们白来一趟……它不用连!"

于是,学生们炸窝了:"啊哈哈哈哈,陷阱啊,陷阱,哈哈,我才不怕!"

说来奇怪,后面几年的学习中,这群孩子很会找"陷阱",不同类型的"陷阱"题,他们都十拿九稳。哪怕是在计算 428－28÷4 这类题时,他们也能联想到"陷阱",做题时错题率也相对较低,关键是做这类题的时候都显得特别开心和机警,好像在参与一项神秘的探宝游戏,玩得不亦乐乎!

就这样,一个小小的"陷阱",就把枯燥的知识变成学生喜闻乐见的生活情境,让学生在心灵上产生深刻的效应,甚至在今后的学习中利用这种印象去对比、归纳和运用。"秘语"的力量功不可没!

我们都知道,数学知识与数学思想相比,知识是显性的,很多知识的有效性是短暂的,而思想是隐性的,思想的有效性却是长期的。为了让短暂的知识产生长期、有效的效果,语言的生动形象有着极其重要的作用。尤其是小学生,因为表达能力及理解能力的限制,对一些知识点及抽象概念无法形成具体的印象。所以,像"陷阱"这种生动形象化的语言不仅能将知识明朗化,在学生头脑中留下深刻的印象,还能突出重点,提高课堂效率。教师可以通过生动的语言,深入浅出,一针见血地归纳出概念或定理的本质。

再如,小学数学中的重难点之一——乘法分配律的应用及其逆应用:

$$a \times (b+c) = a \times b + a \times c$$
$$a \times b + a \times c = a \times (b+c)$$

两个看似简单的公式,真正运用时(尤其是初学时),难倒了不少学生。很多老师想出一些口语化的语言帮助学生更好地理解,其中最为典型的转化就是:

$$a \times (b+c) = a \times b + a \times c$$

$$\longrightarrow 我爱(爸爸和妈妈)=我爱爸爸和我爱妈妈$$

在实际教学中我也曾引用了这个比方,然而每次作业或者当堂竞赛练习,总有少数学生出错,尤其是在正用乘法分配率时,错误率更高!集中错题如:$125 \times (80+8) = 125 \times 80 + 8$、$125 \times (80+8) = 125 \times 80 + 125$。与学生一起进行错例分析,发现学生在没有理解算式意义的基础时,强行背"我爱(爸爸和妈妈)=我爱爸爸和我爱妈妈",会被日常用语习惯引导:我爱(爸爸和妈妈)就是我爱爸爸和妈妈啊!没有对"我"进行正确的认识,对那句转化公式的理解也不会深刻,所以不能灵活运用。

于是,我顺势启发学生思考:"我",到底是怎样的一个存在呢?"我"爱"爸爸",要跟"爸爸"在一起,"我"爱"妈妈","我"也要跟"妈妈"在一起,所以,"我",其实是一个"无处不在的我"!既然"无处不在",所以将算式打开的时候,"我"就要真的无处不在:要粘着"爸爸",也要粘着"妈妈"!如此一想,解决类似 $125 \times (80+8)$ 这种题的关键就是找出"无处不在的我",此题中"我"就是125,要粘着80,也要粘着8,算式打开时,学生就能正确将 $125 \times (80+8)$ 分解成 $125 \times 80 + 125 \times 8$!同时,弄清楚"无处不

在的我"的特点后,我发现学生逆向应用乘法分配率进行计算的准确率也有很大的提高,基本上能做到全对,如:

$$14 \times 82 + 18 \times 14$$

以及类似的特例:

$$86 \times 99 + 86$$

还有变式:

$$31.4 \times 82 + 1.8 \times 314$$

都能准确进行变形并计算。

从"我"到"无处不在的我",只是多加了一个定语来进行描述,可恰恰就是这个定语,符合孩子理解的天性,才会让孩子循着它散发出的香气,寻到了定律的本质!抓住了本质,学生做题的准确率有了大幅度的提高,用起公式来更是得心应手。

除了以上提到的"陷阱""无处不在的我"这两个形象化的表达,课堂教学中还有很多其他的典例。诸多看似枯燥或者难理解的知识点,其实都可以根据不同年段学生的心理特点和理解能力,用生动形象化语言进行类比。

教学语言不是蜜,但是一定要有"秘"。它不仅可以像蜜一样粘着学生,激活课堂气氛,调节学生情绪,还能激发学生学习的兴趣,发展学生的思维,让学生从被动学转向因为"数学好玩"而进行的自主学,感受到学习的乐趣,在心灵上认识自己、唤醒自己,抵达最芬芳的彼岸!

（张　利）

在体验中获得芬芳成长

把孩子们培养成至真、至善、至美、至健的人是我们的目标。营造轻松愉悦的课堂氛围,积极引导学生主动参与是实现这一目标的主渠道。

我在执教二年级"持轻物投掷"一课时,根据低年级学生接受能力强、兴趣广泛、思维活跃、活泼好动及注意力无法保持长时间集中等实际情况,通过多变的活动形式使学生获得成功的满足与运动的体验,从而达到与他人共同交往、和睦相处、发展体能和培养兴趣的目的,在实施教学过程中,我在给学生提供不同的自我发展与自我展示平台的同时,帮助学生树立自信心以及对同伴正确、客观、公正的评价,充分体现了当前体育课的"以生为本""健康第一"之思想。(课前安排了游戏,便于师生间交流、沟通,为课中创设和谐的课堂氛围奠定了基础)

授课开始,我就设计了"小小指挥官"的练习,师生互动,既激发了学生的兴趣,又复习了已学的队列练习,接着请学生听一听,是什么声音?(火车的声音),很自然地引入"开火车慢跑",然后把准备操和辅助性练习融合在一起,在音乐伴奏下完成"请你跟我学一学"。最后,设计了一个小游戏"行言一致",请学生看一看教师采用的肢体语言,模仿跳绳、呼啦圈、踢毽动作,请学生即时说出该运动的名称。

通过"小小指挥官"的练习,师生互动,充分体现了民主、和谐的师生关系,既激发了学生的兴趣,又复习了已学的队列练习。

然后,在一系列小游戏的练习中,使学生的学习情绪高涨,引导学生兴趣指向学习内容,调动学生学习、锻炼的积极性,为自主学练、合作探究打好了良好的基础。

接着,我设计了"自主学练,合作探究"的环节。在这个环节中我先设计了让学生用自己的方法来练一练(投远、踢毽、抛毽等),教师巡视,发现学生练习中有一定远度且投远动作比较正确的学生,即时请该学生展示,由学生点评,让学生有一个初步的印象(老师不作评价),然后由教师讲解、示范(学生随教师一起边念口诀边模仿:两腿开例站,前后、左右均可;持毽在肩上,左、右手均可;挥臂把毽投,快速、前上方。)——学生徒手模仿——持毽投出——投过前面一定高度的横绳(让学生根据自己的能力自由选择距离,这样充分体现了学生个性的培养),——进行正误对比——二人一组相互纠错——小组展示(生互评)——最后进行大比武、颁奖。在设计学练过程中,我反复进行了思考,是先以教师完整、正确的示范出现在学生面前,还是通过学生用自己的方法来练一练(投远、踢毽、抛毽等创新学练),通过尝试,我选择了第二种学练形式,且在学生用自己方法练一练过程中,迅速"捕捉"学生的典型事例,即时请学生中有一定远度且投远动作比较正确的学生进行展示,由学生点评,让学生有一个初步的印象(老师不作评价),然后再由教师完整、正确的讲解、示范,果然,效果不错。在正、误对比和相互纠错这一环节中,我第一次上课是采用在学生练习投过前面一定高度的横绳时,后来,有老师和我建议,是否安排在持毽投出这一环节时,应让学生在掌握了正确的动作以后,再反复地进行练习,否则,错误动作一经定型,将很难纠正,我接受了他们的建议,在第二次上课时进行了修改,教学效果又有了提高。另外,我考虑到单一性活动(投掷)对学生上下肢力量发展存在着一定的局限性,所以设计了一个"双脚抛毽花"的游戏,这样起到了上下肢的协调发展,真正做到了身体的全面发展。

最后,在音乐伴奏下师生翩翩起舞,音乐渐弱,师生一起围坐在操场上,畅谈感受。师:"同学们,今天这一课你感受最深的是什么? 有什么体会?"还没等我说完,同学们就七嘴八舌地说开了,有的说:"我学会了投掷动作。"有的说:"我学会了游戏双脚抛毽花。"还有的说:"我很开心。"……接着我说:"是的,老师觉得你们每一名同学在课上的表现都很出色,所以老师奖你们个大拇哥(我双手竖起大拇指),那你心目中表现最棒的是谁啊? 请你把红五星奖给他(她),如你觉得自己是最棒的,那你就把它贴在自己的胸前,好吗?"这下可又乐了,同学们你贴、我贴、大家一起贴……

在畅谈感受这一环节,我主要设计的是多元化的评价,请同学们把我课前发给他们的红五星,奖给你认为今天课上表现最出色的同学,引导学生对同伴进行正确、客观、公正的评价,同时我也让学生评价一下老师,建立起师生情感交融、双赢成长的平台,以有效的评价促进课堂教学的有效性,收到了良好的效果。最后联系生活实际课外延伸,要求学生回去向爸妈了解一下他们小时候是怎样玩毽的,向爸妈学一学,同时与爸妈合作完成一个任务,制作一个毽子。

教育是芬芳的事业,把课堂打造成芬芳课堂,让孩子们在课堂中享受运动的快乐,是我最大的愿望。

(范小海)

第二章
向着芬芳绽放

挺拔沉稳,是高山最美的姿态;灵动隽秀,是流水最美的姿态。学校教育最美的姿态是什么呢？教育的目的就是促进儿童的发展,最美的姿态之于学校来说,就是让每个生命向着芬芳绽放。作家罗尔德·达尔曾感慨:"孩子不是小大人,他们自成一个物种。"儿童具有独特的创造性思维,在感知世界时,有独特的看法与做法。作为教育者,我们就是要站在儿童的立场,建立以儿童为中心的教育价值,树立正确的儿童观,了解儿童、尊重儿童,顺应儿童的天性,让每个生命向着芬芳绽放。

　　唐代柳宗元的散文《种树郭橐驼传》中讲述了种树之道：有些人种果树总是种不活，因为他们一会儿培培土、浇浇水，一会儿摇摇树干，看看它是否牢固，一会儿刮开树皮，看看树是否还活着。而郭橐驼之所以能把树种活是因为他"顺木之天，以致其性"。万事万物都有自己固有的发展规律，树是如此，人亦如此。每个孩子从诞生起，就有着内在自我成长的动力、能力和规律，本身已经具备了成就自己的所有可能，就如一粒粒花种，品种不一，花期不同，有的可能成为春天烂漫无比的迎春花，有的可能成为夏天清新淡雅的荷花，有的可能成为秋天傲然挺立的菊花，也有的可能成为冬天凌霜傲雪的梅花……皆是天性使然。早在明代王阳明就提出了"顺应天性"的儿童教育观，其本质就是基于儿童本位的教育思想，是建立在尊重儿童的发展规律之上的。"顺应天性"要求我们教育工作者要放低姿态，蹲下身段，去感知儿童、了解儿童，尊重儿童的天性，让孩子发现自己的力量，用自己的力量向着芬芳绽放。

　　春秋时期，孔子提出"因材施教"。现代教育家陶行知生动形象地解释："培养教育人和种花木一样，首先要认识花木的特点，区别不同情况给以施肥、浇水和培养教育，这叫'因材施教'。""因材施教"是基于"顺应天性"的教育思想，告诉我们教育者应该如何发展儿童的个性。孔子说："冉有为人懦弱，所以要激励他的勇气；子路武勇过人，所以要中和他的暴性。"天性完全不同的两个人后来从政都有成就，这多亏孔子的"因材施教"啊！孩子的天性本来就不同，充满个性、能力各异。面对这些饱满的"种子"，学校应以优美干净的校园为土壤；以循循善诱的教师为阳光；以丰富多元的课程为水分……让这些"种子"在学校教育下生根、破土、发芽、开枝、散叶，最后结出累累硕果。"发展个性"要求我们教育者尊重儿童的差异，尊重儿童的发展规律，因材施教，唤醒孩子内在的自觉，用教育的力量帮助孩子向着芬芳绽放。

学校教育最美的姿态是教育者蹲下身来平视儿童，是教育者默默地、不着痕迹地让每个孩童温暖向阳，向着芬芳绽放。

（童　媛）

留下一路芬芳

有个关于风和太阳的故事,风和太阳总是争论谁的力量更大,他们打赌看谁有本事能把路人的衣服脱下来,结果是温暖的太阳赢了。风吹得越用力,旅行者的衣服裹得越紧,反而是太阳用温暖使旅行者脱下了层层的防卫。最后,太阳告诉风:"温和友善永远强过激烈狂暴!"我想,对于路人是如此,对于学生来说,晓之以理胜于命之以令,仁慈、温和的说服胜过强迫,胜过大声呵斥。

从教四年来,和每一个刚进入教师行业的人一样,我暴躁过,也曾经强势地命令学生必须这样做,不许那样做。但慢慢地我感受到,温和的说服,胜过彼此急红了脸,平等对话才能铸造芬芳教育。

小张同学,一个小女孩,打一年级开始便是我行我素,其他同学按照老师的要求写作业时,她"大大方方"毫不掩饰地拿出画笔和画纸,开始画画。刚走上教师岗位的我,选择了强硬的策略,我面带怒气地走近了她,向她伸出了手,示意她把笔和画纸交给我。她看了我一眼,死死拽住了笔和纸,眼睛里透露出坚定,似乎誓死守护"财产",而那时的我,俨然成了一个抢劫犯。当时我觉得这种关系的转换很是诡异,于是我开始反思,对于学生来说,自己到底是什么定位,或是说作为老师,我给自己什么样的定位,我希望在学生心目中,我是一个什么样的存在?是威胁?是恐惧?我觉得不该如此,只有学生愿意跟老师说实话,愿意和老师坦诚相待时，那时的教育才能起作用。老师是陪伴学生成长的人，学生在我们面前，应当是脱掉一层层的伪装，而不是一层又一层地包裹起自己，防御着老师。老师应该是太阳，应该是温暖的存在，而不应像寒风，凛冽刺骨。

慢慢地反思，我开始改变，温暖的关键是建立良好的关系，我应该真心去关心学生。只有当学生感觉到和我在一起是温暖的，他们才会对我敞开胸怀。

我开始了自己的尝试之旅。第一步，我试着放下成见。带着标签对待别人，即使不说出来，眼神、语气，总会暴露你的。我开始以期待了解对方的心态跟她交流，把所有的以前对她的看法统统作废，像一张白纸一样重新去认识她。几番下来，我跟她的关系拉近了，我让她知道了我是关心她的，我关心她的情绪，她的生活，看到我时，她的眼睛开始有光芒。课堂上，也出现了小小的变化，她对我说的话不再抵触，那种自顾自的现象消失了，开始听课了，开始听从老师的安排了。第二步，我试着用积极的方式沟通，以积极的期待，积极的鼓励。人处在什么样的氛围中，会有不同的行为，我始终相信，消极地对待学生，学生会用消极的态度对待你，所以，跟她聊天的时候，我会用积极的期待。给她鼓励，用欣赏的眼光看着她，肯定她表现的好行为，好的想法，肯定她的梦想，她的努力，她的积极向上的心。我第三步，关心她的生活。主动了解她的生活，关注她的情绪。一段时间下来，我发现，她变了，能做到基本认真听课，按时完成作业，最重要的是，我和她的关系改善了。我想，我温暖她了吧。

温暖，不仅可以让学生步上轨道，也可以推着学生往前走，走得更远，走得更好。

学习成绩好的学生，一定程度上是让老师省心的，可他们的发展，同样牵动着老师的心。小美，聪明伶俐，各科均衡发展，活泼，成熟独立，在加上可爱的外表，得体大方的穿着，很是讨人喜欢，更是受到老师们的喜爱。可她很低调，涉及发言、表演，她总是很"大度"地让给其他同学。这种情况，一直让我耿耿于怀。

终于有一个机会,学校的朗诵比赛开始了。对语言文字敏感的她,对文字的揣摩一向比其他人细致,更是别有一番理解和思考。朗诵,对她来说,是可以尝试的。于是,我鼓励她参加比赛,希望她可以在比赛中看到自己的力量,增加自信。几番鼓励、动员,她同意去参赛。准备过程中,妈妈生二胎,少了一向辅助她的妈妈,我也为她担忧。我不断地给她鼓励,"这一次比赛要靠你自己的努力,这是一件值得骄傲的事情!"

比赛的时候,一篇长长的《海燕》,她流利地朗诵出来,时而铿锵有力,时而舒缓,时而激情澎湃,时而饱含深情……她的表现赢得了所有人的肯定,最终获得全年级第一的好成绩。这次比赛,鼓励了她,上课发言更加积极主动了。她对我说:"老师,你很温暖。"

教育,没办法使每个人变得完美,因为完美本身就是不存在的。教育应该鼓励学生扇动翅膀,追逐阳光,寻找美丽。每个人都会有灰暗的一面,那是最需要阳光的地方。教育,可以发现孩子需要阳光的时候,及时给他阳光。在活动中,感受阳光,感受温暖,感受芬芳,我想这是我们能给学生的温暖吧……

向着阳光,留下一路芬芳!

（陈琪婷）

让花儿尽情吐露芬芳

十年树木，百年树人，辛勤播种，芬芳满园。在教育行业中，我是普通一员，浇灌着一方天地。岁月如流，看到亲手栽培的幼苗成长开出芬芳洋溢的花朵，对我而言是别样的欣慰和感动，从中撷取两则与大家共勉。

我倡导的英语课堂充满活泼灵动的气氛，这是由语言教学的特性决定的。曾经有一篇生词量很大的课文，需要我先带领着孩子们全程导读，课下再反复背记。小孩子遇到困难总是容易泄气，为了激发他们记忆生词的兴趣，我想了各种办法。直到最后，我决定用课文主题为孩子们制作一部小剧本，让他们在角色扮演中自然带入课文情境，熟悉生词。为了让英语短剧真正抓住孩子的心，我提前编写、修改剧本，可就在登台之际，因为连续熬夜，我患上了重感冒，严重影响声带发声。这件事很快被班里的孩子们知道了，他们主动提出替我分担，全权负责这次的短剧表演。此后的整个准备过程，这群懂事的孩子们想方设法地用实际行动让我安心。演出当天，当我打完吊针急急忙忙赶回教室时，立刻被孩子们簇拥着踏上讲台，有的甚至还给我倒开水……接下来孩子们的表演，犹如一场心灵的馈赠，仿佛在向我吐露心中珍藏已久的感激，即便到现在偶尔闭上双眼，那一个个动人的场景依然历历在目，这也许就是教育的芬芳味道，令我回味无穷。在表演结束之后，孩子们还为我合唱了一首我曾在课堂上说过的英文歌曲，那也是我最喜爱的一首英文歌。孩子们的演唱令我热泪盈眶。

我认为，芬芳教育的最终目标，应该是使学生懂得用芬芳的思想和行为去影响身边更多的人。花朵只有接受自然的滋养才能尽情地吐露芬芳，孩子的成长亦是如此。在我看来，比起课文中学到的知识，学会"赠人玫瑰，手有余香"的道理更难能可贵。当孩子开始学会去感激身边人、帮助身边人，芬芳教育的精髓也就真正在每个幼小心灵深处生根发芽了。

还有一次就是在英语书法竞赛中，我原本以为二年级的孩子书写基础还不够扎实，只是希望他们尽力而为即可。但从收到比赛通知开始，我慢慢发现孩子们的作业书写进步很大。我带着疑惑一连问了好几个孩子，才知道他们是为了不让我失望，自发购买了英语字帖并自行组织每天练习。我再一次被他们的聪慧和刻苦而感动，打心底被这帮孩子的懂事折服。

顺应天性，顺应孩子的成长规律，这是每个教师都必须遵从的教育法则，但芬芳教育也许为我们的教育打开了另一扇大门。事例中的孩子们，小小年纪就能以一种"报恩老师芬芳"的想法为出发点，主动求知，积极备战。孩子们行为的背后，不是偶然，不是作秀，而是对老师日常芬芳教育的一种回馈。纵观我迄今为止的从教经历，所谓芬芳教育，不仅仅是传授知识，更重要的是道德、精神的传承。作为孩子们的引路人，教师的影响力往往要比课本中的人物形象更直观、更有力量。我相信，芬芳的教育理念是可以被传递的，教师言传身教的过程，也就是传递芬芳的过程，这也必将对孩子今后的学习和人生道路影响深远。只要教师自己做到言行合一、先律己后育人，芬芳的育人环境一定会孕育出芬芳的种子，收获芬芳的果实。

在我洒满汗水而又缤纷多彩的教育教学经历中，令我反复回味的远不止这两件事，从中收获的感慨更是数不胜数。芬芳育人，传递真、善、美、健，是我对学生的承诺，同样也是学生给予我的馈赠。

我乐在其中，流连忘返。

（丘俏华）

师爱相伴　芬芳自来

我愿做这样一道阳光

随孩子一同成长

始终保持最美的微笑

让每个孩子明媚向阳

芬芳绽放

——题记

"x老师,小A又把桌子涂得黑黑的"。一个学生跑来向我告状。我眉头一皱:这孩子怎么回事? 已经让他擦干净了,道理也讲了无数遍,可为什么错误照犯。当时火气一起,真想把他拉过来批评一顿,转念一想:不行,得找到事情的根源。我来到小A的桌前,只见桌子黑不溜秋的,竟然看不见一点干净的地方,可他还是不停地在画,浑然不知我的出现。"小A,你在画什么呢?"小A抬头一看,手一惊,笔不由得收了起来。"没关系,告诉老师。"小A听我这么一说,眼睛一亮,说:"老师,我在画地图。你看,这是亚洲,这是非洲,这是南极……"他指手画脚地如数家珍着。我心头一震,不觉想起平时他老是拿着一本地图册,不知在干什么,于是饶有兴趣地说:"你的地理知识真丰富,你还知道什么?"听我一夸奖,小A开始滔滔不绝地说:"我还知道长江发源于……"我越听越带劲,这简直就是一个地理天才嘛! 可是,这桌子……唉!真头疼,怎么办呢?

既要改变他这个坏习惯，又要保持他对地理的兴趣。这在个性和共性中如何找一个平衡点呢？于是我找来小A，亲切地说："小A，你的地理知识很渊博，真让老师佩服，可是你在桌子上画地图，第一是卫生习惯不好；第二，桌子也会难过呀！这么脏，它想做一个干净的孩子呢！我们可以在纸上画地图，是吗？"小A若有所思地点点头。

随后，小A的桌子不再是黑漆漆的，可是问题又来了，因为他没有收拾东西的习惯，导致左一张地图，右一张地图满地飞。我从文具店里买了一本精美的绘图本引导小A在整本的本子上画，并帮助他养成整理自己物品的习惯。小A的表现让我看到他一次又一次的进步。

小A是个不起眼的学生，话很少，甚至有些自闭。怎样让个性生能有一个属于自己精彩的舞台，让不起眼的个性生自信起来。我充分利用课堂这个阵地。在教《火车的故事》时，为了让学生了解北京到上海的距离及青藏高原的地理概念，我请小A上来为同学讲解一下。只见他信心十足地走向讲台，先画了一幅中国地图（竟然连最下角的南沙群岛的小图标也标出来了），然后大概点出北京、上海的位置，连青藏高原、长江、黄河的发源地全都标出来了。台下的同学瞪大了眼睛敬佩地看着他。不由得雷鸣般的掌声响彻教室……下课之后，孩子们都围着小A，拿着他已经翻烂了的世界地图，不停地问这问那。我又趁机把小A画在图画本上的地图推荐给全班同学，不久，"地理小博士"的称号不胫而走，收获了不少"粉丝"。看着小A越来越自信的笑脸，看着不再黑不溜秋的桌子，看着那放在抽屉里的地图册，我不禁欣慰一笑……

每个生命好像树种一样，种子的外表并无多大差别，但成苗成树后，则千姿百态。所以，教育不能千篇一律，必须要因材施教，因势利导，用一颗爱心耐心把孩子内心最纯美的、最本真的"个性"激发出来。

同样是这个班级，小B同学记忆力特别强，但性格内向，不自信且专注力不够。在一次偶然的机会,听音乐老师夸奖她的节奏感很强,记谱非常快。我与孩子的家长进行沟通,建议她去学钢琴。短短几个月过去了,孩子的家长专门到校交流孩子学钢琴的情况,说钢琴老师夸孩子是她见过的记谱最快的孩子,而且接受能力特别强。兴奋感激之情溢于言表。两年过去了,孩子钢琴学习进步神速。屡屡在比赛中获奖。

看到孩子们的成长,我不禁想起芬芳教育中所提到的"三性"——顺应天性、完善人性、发展个性。是的,教育就应顺应孩子的天性,发展孩子的个性。教育就是要激发个体的主体性,使其满腔热情地投入学习和实践活动中,满足他的情绪体验,发挥他的聪明才智,形成他的鲜明个性,成为他自己。阿莫老师在书中说:"教育的强大力量在于,它能在多大程度上区别对待地发展每一个学生的精神力量和形成他的个性特点。"在我国,几千年前孔子就提出了"有教无类""因材施教"的教育思想。每个孩子都是唯一的、重要的、发展的,具有巨大潜能的、鲜活的生命个体,教育必须尊重教育规律和学生身心发展规律,关心每个学生,促进每个学生主动地、生动活泼地发展。而教师就是使每个独一无二的孩子成为他"自己"的重要导师,用爱心、耐心去顺应孩子的天性,发展孩子的个性。让我们的孩子飞得更高,更远。

每个孩子都是一粒独一无二的种子,他终将会成为他自己。芬芳教育以美好生命为源,以发展人性为本,以追求个性芬芳为矢。而我们教师,就要成为让每个孩子芬芳绽放的那一道温暖的阳光。愿每一个孩子在师爱的陪伴、呵护、浇灌下,温暖向阳,芬芳自来,常开不败。

(童 媛)

让每一个生命芬芳绽放

"等闲识得东风面,万紫千红总是春",每一个生命都应该是多姿绚烂,芬芳绽放的!在每个个体生命的成长中,自然是少不了会有犯错的时候。而作为引领孩子们生命成长的人民教师,是否能正确对待孩子犯的错,是否能尊重孩子的成长规律并更好地去引领他们,对于孩子们个体生命成长起到了非常重要和奇妙的作用!对于我来说,让自己的每一个学生在成长过程中或早或迟地芬芳绽放,则是我一直在努力的使命!

根据儿童年龄特点和心理特征,大部分孩子犯错时,往往喜欢逃避责任,喜欢找借口或者说谎去掩盖错误。选择这样的方式无疑对于他们的成长是相当不利的,因为一个不敢面对自己错误的人,无法承担重任,也无法面对纷繁复杂的世界。所以,当孩子犯错后,我们大人如果能换一个角度去看待孩子,将在一定程度上帮助孩子健康成长,也将会有意想不到的收获。

这学期我接手四年级两个班的英语教学工作,开学的第一次作业有 5 个孩子没有交。我一个个问了原因,并告诉他们作业是自己要去完成的任务,要克服各种原因去完成,而不是出现问题就找借口,并交代他们把缺的作业自己安排时间补上。其中有个男孩子,一直低着头不说话,手在不停地揉搓着。我问了他几次,他一直不吭声。这可怎么好?这是个怎样的孩子呢?从他的行为上我初步判断这个孩子应该是个很内向的孩子,我没有再问他,更没有大声呵斥他,而是示意其他孩子先回家。教室里只有这个孩子和我，这时候我问他，作业怎么没有写？需要老师帮助吗？他慢慢地抬起头，看着我，嘟哝了一声："我不会。"我明白了，孩子不会写，虽然只是简单的抄写。我坐在他旁边，翻开他的书，告诉他应该抄写哪里。然后时不时提醒他注意抄写的格式。就这样过了 25 分钟左右，他把作业写完了。我告诉他下次如果不知道写哪里，或者不会写，欢迎随时问老师。然后让他回家了。

从那天开始，这个不苟言笑的孩子对着我的时候会腼腆地笑一笑，我和他对话的时候，他也会马上做回应。从来不参与小组活动的他，在多次的英语课堂中，和小组成员一起大胆做表演。虽然英语说得并不那么流利，虽然台词并不是很多，但是触动我的心灵了。

在学生没有完成作业这件事上，我并没有因为这个孩子的错误而生气，也没有去责骂他，而是静下心来，试着站在孩子的角度去看待问题，去帮助他，反而收到意想不到的收获。教育孩子我们要学会从另一个角度看待他的过错。我想，这就是回归到教育的原点吧！教育之原点在温暖心灵，而不仅仅是强化记忆；教育之原点在点亮人生，而不仅仅是预知未来。所以孩子们，作为一名普普通通的老师，我很愿意成为点亮你们人生的那个人！

11 月的一天，由于班主任老师外出培训，我代理一个班的班主任工作。体育课开始不久，有个平时表现很好的女班干部小晴哭着来找我，说一个女孩子小童骂她，骂了很难听的话。我问了一下过程，她告诉我她在组织开班干部会议的时候，小童无缘无故骂她。安抚了小晴几句后，我让同行的另一名学生找来小童。我看到小童问她发生什么事情了。但是她对我先翻了两下白眼后，把脸别到一边，不吭声。

看到她这样的态度，我是有些生气的。但我想，毕竟她是个孩子，此刻的内心应该是挺复杂的，甚至应该是以为老师会偏心那个平日里表现好的班干部，所以才有这样的抵触心理。所以我告诉她："先什么都不说吧，不过你对着老师翻白眼，这个行为是不对的呀，意思是不尊重。先在老师身边冷静五分钟，想想发生了什么事情,五分钟以后再和老师聊吧。"五分钟还不到,她就找我了。告诉我她骂人不对,对老师也不尊重。我夸她:"你是个懂得反思的聪明的孩子,一下子就找到问题的所在。现在可以告诉我发生什么事情了吗?"她和我说了整个过程,大致是小晴同学在组织开会的时候,她过去了。然后问了她们在干什么。但是小晴说不关她事。所以她就开始说了些不礼貌的话,导致后来双方发生口角。我又问了小童,为什么一开始就对着老师翻白眼。她的意思大概就是认为老师会偏向于小晴,肯定会说是她的错。这和我之前的猜想是一致的,所以我庆幸让小童同学冷静下来,再来处理问题。之后我又找来小晴,和小童一起说说在整个事件中自己存在的问题,不说对方,只说自己的问题。两个孩子都能一下子找出自己存在的问题。其实孩子的反思能力远超乎我们的想象的。

这件事情的关键点在于"尊重"!同学间的尊重,师生间的尊重!

懂得尊重,应该是青春期里孩子教育的第一课!因为走向青春期里的孩子,容易躁动。德国的专家说:"你能想方设法让自己的教育静下来,你就成功了!"面对一群躁动的孩子,我们为师者该做的,我想不应该是煽风点火,不应该是火上浇油,若能似春风,温柔吹过耳畔,化作滴滴春雨,浸入孩子心田,注入几滴成长的营养液,也许我们就能闻到满园花开的芬芳!

（朱少欢）

儿童本身就蕴含着的香气

王维诗曰："春风动百草,兰蕙生我篱。"草埔小学致力以充满生机与活力,美好高洁的芳草精神为校园文化让孩子们学习散发他们的独特芬芳。

芬芳,并不是我们给孩子们的。孩子们本身就蕴含着的香气,而我们教育工作者所要做的,就是找到方法,帮助孩子们,让孩子们找到适合自己的方法,散发出他们的芬芳,盈溢出活力与美好。

德国哲学家莱布尼茨说:"世上没有两片完全相同的树叶,也没有两个完全相同的人。"每一名孩子都是独特的存在,每名学生都有自己的特点。两千多年前,我国古代伟大的教育学家孔子,已经提出"因材施教"的伟大思想。

有一天,子路对孔子说:"先生所教的仁义之道,真是令人向往! 我所听到的这些道理,应该马上去实行吗?"孔子说:"你有父亲兄长在,你怎么能听到这些道理就去实行呢!"过了一会儿,冉有也来问同样的问题,孔子却说:"应该听到后就去实行。"这时,站在一边的公西华被弄糊涂了,不由得问孔子原故。孔子笑了笑说:"冉有办事犹豫不决,所以我鼓励他临事果断。但子路逞强好胜,所以我就劝他遇事多听取别人意见。"

现代教育学家陶行知先生说:培养教育人和种花木一样,首先要认识花木的特点,区别不同情况给以施肥、浇水和培养教育。教育的目的是培养人才,而学生由于自身身体和心理因素、家庭环境因素不同,学生是有个性的、有差异的。因此,要让每个学生得到良好的发展,就得先承认学生是有个性、有差异的。因材施教的实质就是从学生的实际出发,根据学生的接受能力和特点,有的放矢地进行针对性的教学。

我作为一名班主任,对学生的日常管理会根据学生的性格去教育他们,对于那些内向的,自尊心强的,尽量多表扬,给予他们信心,对于那些性格外向的,比较活跃的,不服从管理的,可以私下找他谈谈心,找到处理问题的正确途径。学生教育的关键要抓住切入点,做到因材施教,动之以情,晓之以理,按学生成长规律引导他们绽放心灵的花朵,帮助他们感受自身的芬芳香气。

芬芳教育是让孩子们在最美的年华,做最好的自己,在芬芳中不知不觉成长。芬芳教育是充满阳光的教育,温暖灿烂;芬芳教育是芬芳四溢的教育,纯粹灵动。芬芳教育是绿色生态的教育,道法自然;芬芳教育是智慧灵动的教育,诗意生长。我把教育谱写成芬芳的事业:让孩子们成为最美妙的诗句——向着芬芳绽放!

孟子作为孔子学说的传承人物,继承和发扬了"因材施教"的教育思想:"君子之所以教者五:有如时雨化之者,有成德者,有达财者,有答问者,有私淑艾者。此五者,君子之所以教也。"强调对不同情况的学生采取不同的教学方法。南宋著名理学家朱熹在《四书集注》中进一步概括:"孔子教人,各因其材。"北宋著名教育家胡瑗首创主副科制度,其思想理论基础正是"因材施教"的教学原则。在教学中,他善于根据学生的兴趣、爱好、特长来组织教学,调动学生学习的积极性。

柳宗元在《种树郭橐驼传》中借一位不知名的驼背老人种的树不仅棵棵能活,而且都长得很茂盛来说明"顺木之天,以致其性"的道理。引导教育者只有按照学生身心发展的年龄特征和心理特征,采取不同的教育方法,分别传授各个年龄阶段的学生所能接受的教学内容,才能让学生把自己的内在芬芳散发。

五年级的小明是一名十分聪明的孩子,成绩一直很好,尤其是数学,几乎都是一听就懂,在班里数学一直是第一名,还在年级速算比赛得过一等奖。当然,小明也有不理想的地方,就是无论他多么努力,作文总是写不好。小明的父母总是拿小明的作文和班上作文最好的同学相比,批评教育小明没有想象力,缺乏语言组织能力,等等。小明本来还想多看些课外书籍,弥补自己的不足,提高作文水平,但是多次被父母批评后,失去了动力,在心里面认为自己确实是没有写作方面的能力,并且对作文开始反感,不愿意写作文甚至故意不写。

很明显,小明的父母希望他能一直如他们的期望一样表现优秀,但结果事与愿违,其实就是因为小明家长没有注重孩子的自然天性,不了解孩子的个性特点,没有对孩子进行因材施教,不仅伤了孩子的自尊,还使孩子失去了自信。

我发现小明表现的状况后,多次与小明进行沟通,一次一次耐心地对他的作文进行单独辅导。后来小明终于与我说出他的心里话:他的父母对他作文方面的批评令他感到压力太大,自己不知道该怎么办,心里十分难过。于是我针对这种情况与小明的父母进行了多次交流,在每次作文后我都与小明的父母详细分析小明作文中出现的问题,应该如何改进,让他们在家也能陪伴小明进行作文修改,不要再把小明的作文与写作最好的同学相比,打击他的自信心。

后来,小明每次作文水平都有所提升,父母对他感到满意和骄傲,不再打击他的积极性和自信心,反倒非常鼓励和支持小明多尝试写作。而我看着小明的语文成绩得到提升,为他感到十分欣喜。

孩子就像初生的芳草,芬芳香气正蕴藏在孩子们身上,我们正在帮助每一个孩子找到适合的方式去绽放出自己的美,散发出自己的芬芳。期待花开,绽放芬芳。我们"草埔人"正与孩子们同行,相携相伴,一起感受生命的芬芳。

（赖凌杰）

用心灌溉，收获芬芳

初为人师，也是我担任班主任的第一年，首先感受到的就是身上的责任之重，为学生的成长担起自己应尽的职责，但是理论和实践的磨合，现实和理想的差异，常常让我感到有些力不从心，甚至有些忘记自己成为教师的初心。这时，我才深刻地感受到教育不仅仅需要一份责任心，更需要多一份用心，才能播种希望的种子，收获芬芳。

记得当时教的二年级班上有个男孩叫小铭，高高瘦瘦的，不爱发言和表现。起初我并没有注意到他，直到第一次测试发现他的基础实在是太差了，沿用记忆中老师教我的那套方法，把学生叫过来，询问一番，把家长也叫到学校，跟家长沟通要如何在家里辅导孩子。家长也非常诚恳地答应会在家里好好督促孩子学习，本以为这是一次成功的谈话。但过了一段时间，我发现孩子没有一点儿进步，课上经常发呆，课堂练习做得一塌糊涂。有一天在课上，我忍不住当着全班狠狠地批评了他一顿，看到他眼泪直流，我想他一定会有所改正了。然而并没有，这是我第一次体会到当老师的无奈，光有一颗想为学生好的心还真不够啊。

直到后来有一次上课，他破天荒举起了手，答案虽不在点上，但我还是当着全班表扬了他。直到现在脑海中还保持着他开心的印记。那天放学我把他留了下来，跟他谈了谈心，告诉他其实老师是因为发现你是班里的潜力股，所以想把你的潜力都挖掘出来。老师有些着急，所以才会对你这么严格。当我把话告诉他时,他眼泪流了下来。第二天,他主动告诉我他有很多知识不会,但是却不知道怎么去学。于是我每天单独教他把之前的知识一点一点补回来,还让他当起小组长收发作业,他进步越发明显,课堂上越来越认真,也越来越有自信了,学期末还得了个第一名。

从孩子的进步中,我深刻地认识到老师的一言一行能成为孩子向上生长的养分,让他们向着阳光芬芳生长,但是也能成为毒害孩子心灵的毒药,把他们渴望成长的心给打压下去!教学中,常常会产生自己已经做了很多的事情帮助这些学困生的错觉,我想对待小铭开始的方法并没有真正帮助到孩子,而是加重了孩子不安和自卑心理。每个孩子都有自己成长的速度,但我们往往用同一标准去培养,每个孩子都渴望得到认可,但我们常常吝啬赞美。给予孩子成长所需才是最好的教育,但我们常常按照的是自己所需,而非学生所需。我想我太多时候做的都只是表面功夫,而没有用心去帮助学生,一味地采用传统批判式的教育手段,没有静下心来,去用心地分析原因,用心去沟通,用心去找"开锁的钥匙",所以收效甚微。没有用心的灌溉,何来浓郁芬芳?

班上还有一名叫小雅的女生,衣服总是脏兮兮的,头发也是乱蓬蓬的,班上女生都不愿意和她玩,连德育老师都反映:"你班上的那个小女孩看起来好忧郁啊。"孩子每天都是这样一个状态,学习就更不用说了。我找她沟通了几次,告诉她要注意干净整洁,也和孩子妈妈说起了这件事,但是没有引起太多的重视。我只能"哀其不幸,怒其不争"了。有一次做操,我看见她后面的同学故意踢她,听到女生们嫌弃她身上味道重。但是她没有反抗,也没有报告给我,只是默默地抹了抹眼泪。这样下去这个孩子的童年一定是不愉快的,同时我感觉到这个孩子对我这个班主任也是不信任的,疏远的。我决定用真正的行动去帮她。课堂上,我常常表扬这名女生又认真又积极,多次表达自己对她的喜爱。下课一有空我就去班上找她聊天,用手摸她的头,夸夸她,帮她整理整理头发,其他学生喜欢围着我,自然就拉近她和同学的距离。她慢慢地喜欢和我聊天,开始有了自己的好朋友,开始努力去改变自己，我从她身上看到了向上生长的动力，这比什么都重要！

华东师范大学叶澜教授曾说过："任何事物真要成长，真要有力量，必须要有内生力。"我想教育的本质永远不是教给了学生多少知识，而是让学生产生学习和成长的内发力。让学生产生内发力，更是需要教师的用心，教师的一言一行都可能改变孩子对生活的体验，改变孩子的命运。孩子是敏感的，脆弱的，是成长中的嫩芽，就像小雅一样，用心呵护，孩子才会向着阳光奔跑。陶行知先生说，培养教育人和种花草一样，首先要认识花木的特点，区别不同情况以施肥、浇水和培养教育。我想心里有学生才能清楚知道学生所需，知学生所想，懂学生所虑，爱学生所爱。用心者成，师者以心为双翼在教育的天空中飞翔。每个孩子都是独一无二的，是一首首芬芳的赞美诗，我们老师要做的就是用心让他们循着芬芳的诗情寻访自己的心灵。

德国哲学家雅斯贝尔斯在《什么是教育》一书中说过，"教育是一棵树摇动另一棵树，一朵云推动另一朵云，一个灵魂唤醒另一个灵魂"。在孩子的成长过程中，教师承担着雕塑孩子心灵的重任，从来都没有一朝开花结果，只有用心灌溉，才能收获芬芳。

（邹素娜）

心灵·零距离

一转眼,我从事教学工作已经整整九年了,而最幸运的是这九年来一直担任着班主任工作。班主任就如同孩子们的妈妈一样,每天陪伴着他们,与他们一起成长……

"向着芬芳生长",让我的孩子们心中充满阳光,温暖纯粹,向着诗意的美好自然生长,这就是我作为班主任工作终极的目标。此刻,我不禁无限感慨,九年来跟孩子们之间的点点滴滴一股脑儿全部涌现出来,想起四(1)班的孩子们在我生日当天制造的温馨惊喜,想起小仪同学在我脚扭伤时及时递来的云南白药喷雾剂,想起小丽在教师节送我的"爱心牌土鸡蛋"……一幕幕都是孩子们纯洁心灵的体现,都是心与心零距离接触的体现。

回应让孩子的心花绽放

作为一名班主任,我总是试着走进每一名孩子的内心世界,倾听他们心灵深处最真实的声音,切实体会他们的感受,让彼此之间的心灵零距离。

如今,我仍然清楚地记得一名叫小郑的男孩子。通过长时间的了解,我发现这是一个内心相当封闭的孩子。他平时言语不多,跟老师、同学几乎零交流;他脾气极大,多次与科任老师发生正面冲突;他的家庭情况较为复杂,父母在家庭教育方面简单粗暴。到了六年级的毕业阶段,小郑同学的问题尤为明显,甚至是每天处在了"危险"边缘。我尝试着走进他的世界,了解他每天干什么,想什么。于是,我决定采用"写日记"的形式来沟通。

那是一个风和日丽的早晨,我把小郑叫到了办公室。我温柔地说:"小郑,老师看你平时话语不多,今天我送给你一个本子,你把自己每天想写的话真实地写在本子上。然后,第二天早读交给老师,我会每天回复你的哦!"小郑脸上充满惊讶,隐约露出了一丝笑容。于是,就有了我和小郑之间长达三个月的交流。

2013 年 4 月 25 日　星期四　晴

"今天中午,老师和同学们讲了我的事,我回避了一下。下课之后,我虽然不知道老师和同学们说了什么,但是同学们都试着和我道歉。小徽跟我道歉,我原谅他了。我也要试着和同学们沟通,调整好心情!"

我回复道:"孩子,你确实有了进步。试着用你大海一样宽广的胸怀去包容他们,你会收获更多的快乐! 期待你明天的表现哦!!"

渐渐地,我从小郑脸上看到了笑容……他的心中有了同学们!

2013 年 5 月 17 日　星期五　小雨

"昨天失眠到 4:30 分才睡,在床上滚来滚去,就是睡不着,还不小心撞到墙,好痛啊! 4:30 好不容易睡着,突然又醒来……好困啊,可是还是睡不着!"

我回复道:"失眠确实很伤身体,希望你可以调整好自己的状态,身体才是革命的本钱啊! 失眠时,不要看时间,想一些开心的事情会好些!"

也许他的世界还是那么敏感,但至少他学会了倾诉,懂得了沟通!

2013年6月24日　星期一　晴

　　"时间过得好快,这个本子就写了一大半了。很快就要写完了,这应该代表我快要毕业了吧。好想给这本子取个名,老是说'这本子'不太好听,可是又不知道什么名字好。花儿以它馥郁的芳香,作为对哺育它的大自然的回报。我就以这本书,作为送给鼓励我的王老师的感谢吧。"

　　我回复道:"《心的距离》可以吗? 恭喜你! 你就要毕业了,几个月来,王老师看到了一个脱胎换骨的你。你学会了忍耐,懂得了沟通和感恩,让我们看到了你的责任心。孩子,未来一定会更加美好!"

　　是啊,《心的距离》由此而诞生,我和小郑之间的心灵零距离接触,心心相印帮助孩子打开心结,走出困境,努力向着芬芳绽放!

尊重让孩子的优点展现

　　李商隐在《无题》中写道:"身无彩凤双飞翼,心有灵犀一点通。"是啊,我跟孩子们之间的默契往往就是这样生成的。如今的班级,我跟孩子们相处五年了,一个眼神、一个动作都可以明白彼此背后的含义。

　　小伟是班级中比较调皮的孩子,经常带头惹是生非。与此同时,我也发现,小伟又是一个重情重义的孩子。于是,我努力地走近他,成为他的朋友。从家长口中得知他非常孝顺外婆,经常给外婆洗脚、剪脚趾甲,我就以此作为突破口,主打亲情牌,试着让自己也成为他最在乎的亲人。在他过生日时，主动送给他最爱的赛车玩具，成为他最在意的人。渐渐地我发现，小伟同学非常尊敬我，也很在意我，心中充满了正能量。之后，他在社会实践活动中主动担任小领袖，为同学们主动承担责任，明白了责任的重要性；在周记里他很诚恳地写道："未来我要成为一个全新的自己，为了所有我爱的人和爱我的人。"……

马斯洛的理论提出，人类需求按层次分为五种，分别是：生理需求、安全需求、社交需求、尊重需求和自我实现需求。当生理需求和安全需求得到基本满足后，就会向高层次的社交需求和尊重需求发展，最终实现自我实现需求。为了走进小伟同学的内心世界，拉近我和他之间心灵的距离，我决定从人类高层次的需求去入手，发现他的闪光点，认可他、尊重他，成为他的朋友。是啊，每一个孩子都是一朵即将芬芳绽放的花骨朵儿。有的花儿需要沐浴阳光，有的花儿需要雨水的滋养，有的甚至需要除草、灭虫、施肥……面对不同类型的孩子，老师应该对症施策，甚至可以找到他们的软肋，从而走进他们的心灵，帮助他们成为更好的自己。

教育是心灵与心灵的沟通，灵魂与灵魂的交融，人格与人格的对话。身为一名教师，我一直相信心灵的零距离接触一定可以化解一切隔阂，让我和孩子们之间找到最为合适的相处交流方式，从而让孩子们芬芳绽放，人生诗意流淌！

（王晓瑜）

让每一朵小花芬芳绽放

伟大的音乐家贝多芬说:"音乐,有人将它比作花朵,因为它铺满在人生的道路上,散发出不绝的芬芳,把生活装饰得更美。"我工作的学校是一所竖笛教学特色学校,校园里人人学习竖笛,就是为了人人都能通过音乐感受生活的美好。

有一次,我在四(4)班进行竖笛教学,只见小轩拿起竖笛一通乱吹,安静的课堂被尖锐的笛声打破,同学们先是一阵惊愕,然后哄堂大笑。我头皮一紧,气不打一处来,正要火山爆发,转念一想,同学们对竖笛有兴趣,只是不懂得怎样演奏,才会一通乱吹,如果我以雷霆之势去惩罚小轩,必定会引起他对竖笛学习的怨恨,对音乐课的反感。于是,我深深吸了一口气,让自己先平静下来,然后缓缓地说:"你们有没有发现小轩刚才的笛声一紧一慢很有韵律,你们也来探索一下,看看竖笛会发出哪些声响?"同学们一听,顿时兴致高涨,纷纷拿起竖笛,有的在音孔上无规律乱按,有的把食指伸进笛头一推一拉吹奏,吹出各种奇妙声响。小轩走上讲台,干脆把笛头从笛身中拔出,口含吹嘴,一边吹一边用右手有节律地快速开合发音口,教室里响起一阵欢快的鸟鸣,大家不由得鼓起掌来,并纷纷模仿,小轩得意地笑了。趁此机会,我演奏了一首《天空之城》主题曲,同学们听到自己喜欢的旋律,跟着轻轻哼唱起来。一曲终了,我说:"一支小小的竖笛也能演奏很多美妙的音乐,只要认真学习,你们都能学会。"于是我从最简单的音开始教学,同学们用稚嫩的小手轻轻按住音孔,按照音乐节奏认真练习。下课前，同学们已经能够用5、6、7三个音演奏儿歌《玛丽有只小羊羔》。

从那以后，小轩同学课后笛不离手，随时练习，见到我总是开心对我说："老师，我又学会一首新歌，吹给你听听！"我每次不仅认真地欣赏他的演奏，还给他提出了不少建议，比如竖笛演奏中气息、高音、双吐、三吐等演奏技巧。随着演奏水平的提高，小轩后来还加入了学校竖笛乐团，他和同学们一起，多次在学校和罗湖区进行展演，还获得竖笛合奏"课堂＋小乐器"教学成果展示一等奖的佳绩，为学校争得荣誉，更体验到学习音乐的快乐。

学校，一个芬芳美好的地方。教师，向着芬芳出发，用心、用爱、用智慧去教学，呵护学生的学习兴趣，引领孩子们走进音乐的殿堂；学生，向着芬芳生长，人人学习竖笛，让绚丽的艺术之花芬芳绽放。

优秀学生晓怡、晓雯是我校艺苑开出的两朵小花，是学校引进小花朵芭蕾舞团第一批受益者。她们在校热爱音乐，喜欢唱歌，更喜欢跳舞。辛苦的训练，长期的坚持，换来的是优异的成绩，换来的是独当一面的能力。她们多次代表学校参加深圳音乐厅、深圳大剧院的演出，更以优异的成绩考上广州艺术学校。有一次，我关心地问晓怡考试情况，小姑娘红着眼圈说："考上了，但是家里负担不起学费，父亲不让去广州上学。"我一听急了，这么难得的机会，浪费了多可惜！既然孩子这么热爱舞蹈，就应该坚持自己的梦想。于是，我劝她再做做爸爸的思想工作，同时向班主任林老师、程副校长反映了这一情况。在多方努力下，一家公益企业帮她垫付了学费，帮晓怡实现了自己的艺术梦想。这朵小花终于挺过了风雨，在阳光照耀下芬芳绽放。

一粒种子要开出美丽的鲜花，需要充足的阳光雨露，需要园丁精心的呵护。晓怡就像是一粒种子，在草埔小学这片沃土茁壮成长，从最初的懵懂无知，到毕业时的睿智谦逊，离不开学校的芬芳教育，为她提供梦想舞台，尊重她的个性发展，培养她的圆梦能力；离不开各科教师春风化雨，涓涓细流滋润着孩子的心田；更离不开自己心怀梦想,顽强进取的精神。

　　每一个孩子都是一朵小花,千百个孩子向着芬芳生长,汇成草埔小学芬芳四溢的大花园。我愿意用音乐的泉水,不断浇灌它们,陪伴它们,让每一朵小花都能芬芳绽放!

（许　光）

第三章
每一个孩子都是芬芳的小草

————

"离离原上草，一岁一枯荣。野火烧不尽，春风吹又生"。平凡的小草，虽然没有高直的青松挺拔，没有清香的兰花淡雅，没有鲜艳的梅花傲骨，但是它却有坚韧的品格。坚韧的品格是我们每个人成长道路上最好的铠甲和护盾，它能够使我们不畏惧环境的恶劣、不畏惧路途的艰辛、不畏惧远方的未卜，始终以一颗顽强向上的心去拥抱生活。每一个孩子都是一株芬芳的小草，不因出生环境而或悲或喜，不因争奇斗艳而或卑或骄，不因前途未知而或茫或恐。每一个孩子都昂扬向上，每一个孩子都能像一面旗帜一样迎风飘扬在芬芳的校园。

卡耐基说:"如果我们有着快乐的思想,我们就会快乐……用快乐、乐观、豁达的胸襟去面对人生吧,我们的人生就永远是快乐的。"小草不论是出生在肥沃的草原上,还是干燥的沙漠中,亦或是窄小的石块缝中,它们都能自由自在快乐地生长,从未有过自怨自艾。草籽儿落在哪里,就在哪里生根发芽,从不畏惧恶劣的环境,即使再难"抬头",也始终昂起头向着太阳、随着风儿恣意飘摇。教育的成功不仅仅是教出成绩优异的孩子,更是在于培养出幸福、快乐、自信、达观的孩子,像小草一样乐观、芬芳地成长。

苏联教育家维果斯基说:"只有当儿童不同的能力和需要得到尊重,并能以自己喜欢和擅长的方式学习和表现时,他们就会学得更好,学得更有兴致,从而能在愉快、自信、有尊严的学校生活中实现自己富有个性的发展。"每一个孩子都是芬芳的小草,不羡慕争奇斗艳的花朵,不妒忌挺拔的大树,即使不能成为期望中那样伟大的人,也安于自己平凡的人生角色,承担好自己的责任,尽好自己的努力,不卑不亢地奋力生长。每一个孩子都有自己独特的闪光点,芬芳的教育就是发现每一个孩子身上的独特之处,因人而异地施撒教育的养料,即使不能让其开出五彩缤纷的花朵,结出形状各异的果子,其随风飘扬的姿势将会是多样而恣意的。

当秋风萧瑟,当大雪纷飞时,小草干枯了。但它的根依然那样顽强地伸入大地,积蓄着力量,等待下一个春天的到来。正如唐朝诗人白居易的诗句"野火烧不尽,春风吹又生"。这就是对小草顽强生命力的赞美。小草的顽强生命力,是我们每个人都应该学习的。芬芳的教育让每名孩子都能够成为顽强、芬芳的小草,不管有多大的困难,环境有多么的恶劣,也不畏首畏尾地逃脱责任,而是勇敢地克服困难、帮助他人,为集体的荣誉、民族的振兴、国家的富强,尽自己的一份力量。

古希腊著名教育家、哲学家柏拉图说:"一个人从小受的教育把他往哪里引导,能决定他后来往哪里走。"爱因斯坦说:"把所学的东西都忘了,剩下的就是教育。教育要成功,不只是要传授知识,更要启迪智慧,更要点化生命。"芬芳教育让每一个孩子都成长为顽强、坚韧、乐观、豁达的芬芳小草。

(杨振中)

找寻"闪光点"

师爱是班主任工作永恒的主题。班主任工作琐碎、繁杂,做好班主任工作光有爱心、信心是不够的,一个优秀的班主任还必须具备高尚的师德、强烈的责任心和事业心,更需要拥有善于发现和挖掘每一个孩子身上闪光点的细心和耐心。

小奥同学,一个看上去文静、秀气的男孩,却有着与他外表不太相称的调皮。从我接班开始,就发现他几乎每天课间都在上演跑酷游戏的类似动作,时常会冲撞其他同学,引发矛盾、纠纷。每当这时,小奥不但不会赔礼、道歉,反而骄傲地扬起下巴、双手叉腰,一副气势汹汹的样子,摆出干仗的架势;又比如同学都聚精会神地听课时,他会做一些小动作打扰其他同学……

如此种种,让我意识到这是一个"问题"孩子,如果不对他的某些过激行为进行约束、引导,随着时间的推移,这些不和谐因素一定会影响到全班,届时将会是班主任管理工作中的一大难题。

在又一次收到其他同学的投诉时,我没有马上找他,而是跟他父母联系了解了他最近在家里的状态,原来小奥比较苦恼在学校没有几个好朋友,回家时常跟父母提到要转学回去从前的学校。

我了解到这些情况后,找他到办公室单独沟通:"小奥,你最近上课是不是有遇到一些自己解决不了的问题?或者是有跟其他同学闹矛盾吗?还是说你遇到了不开心的事情?没有关系,这些都可以跟老师讲一讲。"在连续问了几个问题后,小奥依然低头沉默不语。

我说:"其实,你知道吗? 小奥,你看,你长得这么高,就像一个勇士。老师很喜欢你呢。"小奥这时开口了:"老师,我不应该奔跑,可是,我不知道做什么,我就跟着大家跑了,有时我也想像班长一样管理他们不乱跑。可是又不知道该怎么管他们。"听他说完之后,我心里暗暗自喜,原来他心里很有责任感。于是,我大力表扬他:"哇,你这么有班级责任感啊! 老师真为你有这样的想法而感到高兴。你想当班干部为班级奉献力量吗?""嗯!"坚定的语气。"不过,要想当班干部,就要自己先做好榜样哦。"我想暂时让他去管理别的同学不太可行,他的基础较差,那我就让他当图书管理员,这样他就有了自己的一份职责,知道自己要干什么了。于是我说:"现在咱们班还有一个图书管理员的工作,你愿意做吗? 考察期为一个星期。""嗯!"他又一次重重地点头。

接下来的很多天我都认真观察他,开始几天常常提醒他,到后来他自己记得,会主动去整理图书角,而且还会提醒别的同学,拿了的书要摆回原位,放好。心里真是欣慰呀! 于是,我把他叫过来,"老师观察这几天,你很用心,考核通过了,老师决定聘用你当班级图书管理员。不过,你既然当了,就要每天下课去整理哦,做好了榜样,以后还可以竞选别的班干部哦!"从他的神情中,我看出了喜悦、兴奋。于是,我在全班任命他当图书管理员,在大家的掌声中,他露出了甜甜的笑容。接下来的日子,虽然他偶尔要老师和班干部提醒整理图书角,但是他下课奔跑的现象几乎没有了,大家看到的都是他整理书籍的身影。我和他的妈妈也反馈了他进步的情况。并且在每周一的班会总结中给他颁发了表扬信。他小心翼翼地捧在手里,唯恐把它弄烂了。

看到他有了这么大的转变。我想,在写字方面,也可以慢慢来,他的作业写得慢,我没有责备他,而且将他有进步的作业和之前的作业进行对比,我说:"你看,你从 C 到 B,你看,这里得了 A,真是进步不少啊。"他说:"我这个写得慢些,才能得 A。"第二天,他果然又拿出了比较满意的书写作业。当然,在此期间,我也和他的妈妈多次沟通，和妈妈齐心协力鼓励他。妈妈看到孩子的进步，由以前接孩子时的面无表情变成了有礼貌的话语。现在这个孩子，不仅能做好图书管理员的工作，书写也进步很大。虽然学习成绩上还有待提高，但是他的行为已经进步很多。

小奥的转变给了我很大的启示，只要抓住了他身上的闪光点，培养他的自信心和上进心，他就一定能变得更加优秀。于是我带着"放大镜"去找寻班里其他孩子的闪光点，还举行"夸一夸我的同学"的主题班会课，班里刮起了一股"点赞风"。

小美，是班上不苟言笑的孩子，内向的她常常一个人上学，一个人坐在座位上发呆，可是慢慢地，大家都发现，她变了，变得开朗，变得爱笑，变得朋友越来越多……在她的日记里，我发现了她"改变"的秘诀，"感谢老师和同学对我的夸奖，我感觉很温暖，我爱这个班集体，也越来越喜欢学习了！"不止是小美，慢慢地我发现教室里的卫生状况更好了，孩子们的书写越来越工整了，上课更认真，同学、师生之间的关系也更加和谐了……

作为教育工作者，尤其是班主任应以赏识的眼光和心态看待每一个孩子，去发现和挖掘他们身上的闪光点并及时把赞美送给他，他定会将"它"发扬光大！"每个孩子都是一朵花"，我们应该用我们的信任、激励、宽容、耐心和赞美去浇灌这些"花"，相信每一个孩子都能遇见自己灿烂的花期，绽放属于自己的芬芳！

（胡　姝）

呵护孩子们的心灵

写在纸上的爱，须臾就可读完；挂在嘴边的爱，转身就会忘记；唯有铭刻在学生心灵深处的爱，才会滋润他的生命。

记得自己初出茅庐，教的是一年级。有一天正在上课，班里轩轩的阿姨来找我。轩轩的阿姨泪流满面，哽咽着对我说："老师，轩轩的妈妈刚刚出了车祸。怕是不行了，现在我带他去医院见他妈妈。"我一听愣住了，回过神来，赶紧叫轩轩出来。

在我印象中，轩轩的妈妈十分关心轩轩的学习生活。有一次我跟她打电话，跟她反映轩轩注意力不集中的问题。轩轩妈妈耐心地和我一起交流、探讨解决方法。过了几天，轩轩妈妈告诉我，轩轩喜欢玩拼图，她便从网上购买了大量拼图，和轩轩一起玩，培养他的专注力。在她的关心下，慢慢地轩轩的注意力集中了。

此时此刻，一想起那位曾经和我聊过轩轩学习生活的温柔妈妈，我的喉咙就好像结成了硬块。我实在承受不住了，跑到我的师父那里大哭了一场。师父帮我擦干眼泪，劝慰我："我知道你也很痛苦。但要勇敢面对。老师是学生的一面镜子，你自己都无法面对，又如何面对学生呢？"年轻的我擦干眼泪，整理好心情，却也不知如何是好，只能带着怜悯和同情关爱这个失去妈妈的孩子。我每天把轩轩叫到办公室，关心着他的一日三餐。我以为爱就是嘘寒问暖。是的，轩轩需要，可是这样的关爱太表面了，无法触动他的心灵。

几天后，轩轩和我说班上总有同学问他"你妈妈怎么了"。我意识到需要和那些懵懂的孩子有一个约定，以防他们的童真变成言语的利刃，刺向轩轩受伤的心灵。我先支开轩轩让他去找数学老师，接着便和其他同学说："轩轩的妈妈现在遇到了很不好的事情，轩轩很难过。请大家不要问他关于妈妈的事情，那会让他更加伤心。老师想和你们做一个约定：做轩轩的守护天使，不要去打扰他。"再三叮嘱后，孩子们也认真地点头。我知道了，给予孩子成长的空间也是一种爱。

接下来的日子里，轩轩仿佛还是以前天真活泼的样子，年幼的他对于"永远的别离"还那么懵懂。可有一些伤痛会在时间的流逝中慢慢酝酿，越久越深。过了暑假回来，我关注到轩轩脸上的笑容少了，眉头常常紧锁。

有一次，我发现轩轩的作业十分潦草，便主动打电话询问他爸爸。轩轩的爸爸说自己工作很忙，经常要上夜班。轩轩的舅舅一个星期后才能一起过来照顾他。这段时间只能给轩轩零花钱，让轩轩在外面吃饭，吃完饭自己回家写作业。我脑海里浮现着轩轩独自吃饭独自在家的身影。于是，我和轩轩的爸爸商量好，这段时间轩轩的晚餐由我负责。我带着轩轩在饭堂吃饭，温暖的灯光下，轩轩津津有味地吃着饭，他带着腼腆的笑容说："饭堂的菜真好吃！"我抬起头，似乎看到他的睫毛上有温柔的光在跳跃。

我又利用中午的休息时间，找来轩轩的爸爸交流。因为轩轩的爸爸上班比较忙，以前轩轩的生活起居都是由轩轩妈妈负责的。妈妈走后，轩轩爸爸也有些不知所措。他疲惫地对我说："老师，我没有什么经验，不知道怎么教育孩子。"我对轩轩爸爸说："别的不需要，轩轩现在最需要的就是你的陪伴，你的关心。"后来，我还向轩轩爸爸推荐了《好父母胜过好老师》。

过了一段时间，从和轩轩爸爸的交流中得知，轩轩已经知道妈妈走了。为了开导他，我从图书馆借了绘本《爷爷变成了幽灵》在班上一起阅读。我和孩子们一起感受小艾斯本失去爷爷的痛苦，一起感受小艾斯本梦中和爷爷相见的快乐。我想用故事的方式告诉轩轩什么是死亡。之后，我看见轩轩在小日记本上写道：今天我很开心，因为我梦见了妈妈。妈妈还跟以前一样，炒了我最喜欢吃的菜。我知道，妈妈一直都爱我。看着他的日记，我泪流满面。了解死亡是太大的命题，我和轩轩都需要学会承受，在承受中慢慢成长。

同时，我联系了轩轩好朋友扬扬的妈妈，和她商量多邀请轩轩到她家里去做客，让同学的陪伴减去他的孤单。慢慢地，轩轩脸上的笑容变多了。有一次去轩轩家家访，发现他整理事务的能力比较差。于是我带着他来到书桌前，一步步教会他怎么整理东西。轩轩带着羞涩的笑容，整理得工工整整，还主动去阳台收衣服、洗红领巾。就这样，我慢慢地带着轩轩去接纳同伴的陪伴，学习生活的能力，给他自信，给他温暖，让他变得有担当。

"新竹高于旧竹枝，全凭老干为扶持"，作为教书育人的我们都会尽全力滋润学生心灵，因材施教，让满园芬芳成长。

除了轩轩外，班上还有一个特殊孩子欣欣也特别需要老师的关爱。她因先天原因接受能力比较慢，总是沉浸在自己的小世界中，视规矩为无物，按自己心情随心所欲，给班里的孩子造成了很大的影响。我知道对这种孩子光是一两次的教导是不起作用的，得多关爱，有耐心地跟她讲规矩讲道理。每周我都会找时间跟她聊天，用关爱打开她的心扉，润物细无声地通过具体的事例教会她面对不同的情况，该如何控制自己情绪。跟家长多沟通交流，推荐校内校外的一些公益讲座让家长用正确的态度教育孩子。通过家校合作，欣欣这几年来取得了巨大的进步。从开始上课到处走动到能坐着听完 40 分钟的课；从开始随便开口讲话到举手回答问题；从垃圾满地丢到把垃圾丢到垃圾桶，这一点一滴的进步都是通过孩子的努力、家长的配合、老师的关爱而得来的。

在帮助孩子们的过程中，不仅孩子们得到了成长，我也在成长。雷夫说：我的职责是给学生机会，让他们挽救自己的灵魂。

学生犹如满天繁星，当我们与学生相遇时，有的已经大放光彩，有的暂时黯淡无光，但是我愿意陪伴他们，引导他们，等待他们，呵护他们的心灵，让他们向着芬芳生长。

（冯艳敏）

等待，柳暗花明

　　"爱是恒久忍耐，又有恩慈；爱是永不止息"。这是《新约》中的一句话，用两个词语确定了爱的含义：忍耐、恩慈。爱如芬芳，美之教育。无论任何形式的爱，忍耐终是前提；愿意忍耐，已经是一种莫大的爱。忍耐在教学中的定义是耐心。作为一名教师，面对各种各样的学生，除了教无类，也应该爱无类，爱聪明、乖巧的学生，也爱冥顽、调皮的学生。在任教的这些年中，我越来越意识到耐心在教学中的重要性。当学生一而再、再而三地教而不改的时候，不轻易发怒就是对学生的爱；包容他，相信他，也就有了期望。当我对他们报之较小的期望并持续包容的时候，却突然发现，时间和等待可以让柳暗变成花明。

　　齐总是憨憨的样子，非常有礼貌。但是，他的领悟力比较差。其他孩子对同一个知识点说一两遍能明白的，要给他解释三四遍才理解。同样的，对需要记忆的内容也总是要多记几遍。他的英语基础本来就不好，在课堂上听不懂老师的授课，也就越来越不想学英语了。在家庭方面，他的父母自己开厂，经常很忙，晚上很晚才回家，没有时间辅导或监督齐的学习。因此，齐的作业很糟糕，甚至经常不完成作业。在和他谈话的过程中，他却表现出与大部分学困生不一样的情况。他有强烈的学习意愿，愿意学习；但由于自身条件的限制，总是学不好。了解了他的学习情况后，我先跟他强调了学习过程中会遇到的困难，鼓励他要有挑战困难的精神。然后，挑选了几个性格比较友善的学生每天放学后为他辅导半小时,我每天检查他的学习情况。一个星期过去了,他学会了两页内容,但作业还是不完成,或者字体很潦草。第二个星期,由于周末在家里没有复习好(忘记了),来到学校后又开始重新补习上星期的内容。第三个星期,总算学习了两篇课文,但第四个星期又忘了一半。如此周而复始地补习再补习,对他每天学习情况的检查我慢慢疏忽了,但是他的同学还是坚持每天都为他补习。某一天,我下班经过课室的时候,发现他们还在课室中学习,我很惊奇。有两个星期检查齐的学习情况,每次看到他在学完却还要抓耳挠腮地想怎么读的时候,我对齐的学习能力感到很着急。我想,看看这次情况怎样。齐自信满满地站在我面前,没有了之前的腼腆和紧张,大声地读完一篇又一篇课文。我感到惊奇,然后是震撼,之后是感动,再就是内疚。除了语言上的鼓励,学生们的耐心让齐在起步慢的情况下却能牢牢地记住一遍又一遍地磨出来的内容,这是齐最需要的爱。从这之后,齐学英语轻松多了:学进去了,就可以越学越多;即使学不会,还有充满爱心的同学们呢。

爱如花之芬芳,可以短暂,也可以持久。教育之芬芳如花期长久的愉悦,情绪悄然变化,学习能力也在积累中得到提高。尊重天性,培养能力,让学习浸润在美好中,可以使孩子都成为一株株芬芳的小草。

杨在学习上偏科。她的语文学得比较好,语文老师经常需要她帮忙,对语文学习很有兴趣;而由于没有在家里按时复习英语,课堂没听懂,因此英语越学越差。我观察一段时间后发现,她的语文兴趣来自于她在帮老师做事的过程中产生的成就感。于是,我决定从她是班里的劳动委员上着手。杨在放学后安排学生劳动上一直有困难,很多学生逃跑不值日,她对此一直没有办法。我特别在她的班里强调了值日的重要性,并重点表扬了值日认真的学生。对于经常逃跑不值日的学生,我也会对他们进行谈心和教育,天天如此。当她知道我愿意帮助她的卫生工作时,在英语课上的表现显然用心了很多。但因为基础落下较多,还是经常听不懂而打瞌睡。对此，我加大了力度，在班上特别表扬了她在值日工作上的负责和英语课上表现的进步；同时找她谈心，希望她在学习英语单词听写上先过关，并尽量在家里多听录音。她答应了，不过都是三天打鱼两天晒网。在课堂上还是时常看见她在打瞌睡。我有点灰心了，但仍然支持她的工作并尽量找机会表扬她。当我几乎没有期望的时候，突然发现，杨不知道什么时候变样了。课堂上不打瞌睡，听写单词基本全对，课文也基本会读了，我立刻向她的家长反映了她的进步。这时候，一个学期已经过去了。第二个学期回来，她变化更明显了。上课积极举手；原来不会做的题目全都会做了；英语学习走入了正轨。以她在语文学习上的能力，我相信，假以时日，她的英语也会像语文那么出色的。

量变并不一定会有质变，但只有量变达到一定的程度，质变才会有可能发生。教育需要无条件的付出，就如种花一样，细心呵护不求回报，才会有收获或惊喜。

俗话说：江山易改，本性难移。当我们成年人要改变一个生活习惯的时候，总是会有诸多不习惯和反复，甚至到最后根本没有改变；所以，对待心智没有成熟的孩子，我们更应该多点忍耐和宽容。但身为成年人和教师的我们，却经常忘记了这点，因此对那些学习和行为上落后的学生不抱希望。事实上，这两个学生的变化我都没有花费太多心思，甚至有点虎头蛇尾，却无意中在学生反反复复的过程中没有指责他们屡教不改，我想，这是一个很重要的原因。在自己犯错的时候，我们在意识到自身过错的同时，也希望他人不要因此而过分指责我们，给予我们改过的机会。我在无意中做到了这一点，这对于学生来说，老师的宽容就等于爱，也给了他们信心。有了信心，他们才可以不断努力去改变他们的学习习惯。爱并没有那么复杂，忍耐就是宽容，然后就有了爱。学生如嫩草，小爱芬芳，我们的小爱种在每一株小草上，向着芬芳成长成才。

（黄　丽）

每一个孩子都是芬芳的小草

有一种芬芳叫无声,如同春风化雨,涓涓细流,滋润每一个孩子的心田,让他们在阳光下自由呼吸、率性生长;有一种芬芳叫智慧,点石成金,睿智通达,欢笑间拨动生命的心弦,让顽石变成璞玉,化平凡为个性。在平凡的教学中,我努力让每个孩子成为内心芬芳的人。

六年级家长开放日那天,教室外的两张桌子上摆放着各科优秀作业和进步作业。上课时间还没到,先到的家长三三两两地聊天,晚到家长们排着队签名。大部分孩子知道自己的父母要来,都提前做好课前准备,教室比以往都要安静。我心想,这帮孩子在父母面前的表现还可以嘛,坐得端端正正的。

上课铃响了,十几位家长坐在教室后面,本来拥挤的教室显得更加地拥挤。"比的概念"孩子们刚接触,对于六年级的孩子来说比较抽象,基础薄弱的孩子更是难以理解。同学们安静地做着习题,我慢慢地巡视着孩子们习题完成的情况,突然,安静的教室发出了桌椅碰撞的声音,抬头一看前后桌的小楷和小健正在因为前后座位拥挤互相推着桌椅。我走过去轻轻地说:"你们俩在干什么? 赶紧做题。位置挤,互相让一让就好了。"我又继续检查其他孩子的做题情况,没走几步又传来桌椅碰撞的声音,而且这次小健用桌子顶着小楷的椅子,小楷火冒三丈,不甘示弱地把椅子的两只椅腿翘在空中,像跷跷板一样荡来荡去。两个人互相瞪着对方,你一句我一句地嘀咕着。家长们也在看着这两个同学的

"精彩表演"。我心里火冒三丈,心想:"家长们坐在后面,你们俩还敢在这儿捣乱!"两个同学的性格和脾气我是知道的,小健调皮捣蛋,喜欢捉弄同学;小楷爱面子,讲义气,不会主动去欺负别人,但也不会被别人欺负。刚才我简单的制止看来是不起作用的。我这时走过去,对着小楷说:"你平时上课挺认真的,今天是怎么回事?"小楷一听,老师并没有批评他,而且还在家长面前肯定他平时是学习认真的孩子,马上就坐好了。小健的独角戏也就唱不成了。

六年级的学生常常把周围其他人的身体语言误解为挑衅行为。因此,我非常注意表达是否清晰,能否赢得他们的肯定? 老师是要"赢了孩子"还是要"赢得孩子"? 人们通常用控制、惩罚,迫使孩子屈服来"赢了孩子",而不是维护孩子的尊严,相信可以跟孩子合作来"赢得孩子"。"赢了孩子"让孩子成为失败者,导致孩子反叛或者盲从,"赢得"则意味着孩子心甘情愿的合作,彼此尊重。

一天中午,我经过教室看到小茹坐在教室玩手机,走近一看居然在玩游戏。我说:"你怎么有手机的?"她满不在乎地说:"我爸给我的。"小茹在三年级的时候父母离婚了,是奶奶在带她,爸爸平常比较少花时间照顾和关心小茹,却在物质上补偿孩子,给小茹很多的零花钱并配备了手机。

小茹因为家庭原因产生的种种不良行为,促使我思考作为教师如何面对和处理孩子的种种表现。不良行为有哪些? 当你主动观察,就会发现,不良行为包括缺乏知识或者意识的捣乱行为,缺乏有效技能的行为,因失望而产生的破坏性行为。一个行为不当的孩子很容易丧失信心,而导致自暴自弃。小茹现在就属于寻求关注和自暴自弃当中,在课堂上经常捣乱,课后又玩游戏来放任自己。平常课后我经常找小茹谈心,并不定期制定小任务:如这节课认真听课,今天完成一份试题等。多关注小茹的优点,经常肯定小茹的积极努力,无论多么微小。向孩子表达我的爱,让孩子把错误当成学习的机会,寻找积极的方面,让她的心灵吐露芬芳。小茹现在节假日都会发信息祝老师节日快乐。平时也会主动问问题,看到小茹的进步,我心里感到很欣慰和感动。

芬芳教育润物细无声地融入许多孩子点点滴滴成长的故事。每一个孩子都是芬芳的小草;没有一棵小草会错过温暖的春天;教育是邂逅美好的芬芳之旅,让每一个孩子芬芳生长。

（许桂娇）

教育，需要一颗有智慧的爱心

　　屈指一算，从教已近十年。没当班主任之前，总认为要当好一名教师，只要用心备课、用心上课、抓好成绩就行了。可是，自从 2016 年当了班主任之后，我便发现仅有爱心是不够的，因为真正要把班级管理好，将学生培养好，更需要用智慧将爱传递。

　　那年，因人员调动，我担任了一个班的班主任，心里还暗自庆幸，终于可以当一回班主任了。可这个念想还没在心里捂热，才和同学们在班上打个照面，就有个调皮男孩在座位上和同桌闹起来了。开学第一周，什么谁谁谁没值日，谁谁谁上课吃零食，谁谁谁没穿校服，科任老师投诉谁谁谁课堂老爱捣蛋，家长投诉谁谁谁下课惹到他小孩，我只能用八个字来形容自己：焦头烂额、疲于应付。

　　偏偏班级里还出现了一个特别调皮的孩子——小峻。开学第一周，上课说话，随意走动，动不动大声骂人甚至打人，这对他来说都是稀松平常的事。更过分的是，在小淇同学没有惹他的情况下，小峻居然在一（3）班的教室门口搞恶作剧，直接脱了这个同学的裤子，小淇委屈地大哭，回家告诉了爸爸。这下小淇的爸爸是怒不可遏，因为这已经不是第一次被小峻脱裤子了。前面虽已教育，和颜悦色，温言细语，苦口婆心……总之，一切以表达"爱"为中心。但效果甚微，这不，小淇爸爸直接扬言要去校长办公室投诉。

　　秉持爱心和责任，也为了更好地转变这个孩子，我没有只是教育小峻一通，或是向小峻爸爸妈妈发一顿火。而是在和小峻的爸爸妈妈用心沟通后，才恍悟过来：原来妈妈脾气暴躁，时不时会骂他，而爸爸也没有什么耐心，时不时会动粗；只要接到老师投诉或是其他家长意见，首先便是对小峻一顿打骂，怪他不省心，给爸爸妈妈添堵、找气。长期的"耳濡目染"，致使小峻以为，骂骂人也无所谓，动动手也没有事，只是日常而已。并且在这样的家庭"熏陶"之下，小峻会对学校发生的事情避重就轻地讲给家长听，还学会了推卸责任，永远都觉得自己正确，不让自己吃亏。因为妈妈的教导除了骂就是不能让自己吃亏。爸爸除了在出问题时打小峻，其他时候就是宠孩子。这是怎样的一个矛盾家庭：你说不教育吧，他们也有严格地管教，你说冷漠吧，他们又很宠溺小孩。也正是这样的矛盾，所以造就了小峻现在的性格。

了解情况后，我开始思考应如何教育他，如何引导他。爱每一个孩子，这是我们做老师的职责。摆在我面前的不是爱，而是怎样去爱，可能这就要一些智慧了。

首先，倾心交谈。告诉他作为男子汉要有一颗宽容的心，多一点宽容和懂得，学会说"对不起"。当别人冒犯你时，不管是有意还是无意，你应当尽量宽容别人；当自己无意冒犯了别人时，别人对你宽容，你应该及时道歉，并应为自己的行为负责。别人宽容你，并不代表你没有义务。学会宽容别人，更要学会对自己的行动负责。另外，当碰到不好解决的问题时，要及时寻求老师和家长的帮助。对同学粗鲁既不能解决问题还会伤害同学之间的友谊，长此以往同学们会慢慢远离你。

其次，教他如何控制情绪，学会自我反省。当自己与同学发生矛盾的时候，不要忙着责怪别人，而是要进行自我反省，想想矛盾的发生是不是因为自己的过错，想想自己是不是也在言语或者行为上伤害到了人家，自我反省可以避免矛盾恶化，很多的同学关系越来越差就是因为只知道责怪别人而不能认识到自己的错误。

再次，要学会换位思考，当你想要和同学开玩笑时，请问一问自己,如果同学也这样对你开玩笑,你能接受吗? 这样就可以避免很多不必要的误会和矛盾。

最后,课下多沟通,课上多表扬。要知道,对于一个孩子来说,长期的打压只会让他越来越不自信,长期的批评只会让他对"批评"更具免疫力。但并不是说不批评,批评也要顾忌孩子的自尊心。就像花儿一样,会有风雨的侵袭,也同样有阳光的爱抚,这样才会开出芬芳的花朵,才能增添无边的春景。就让我们的爱化作阳光,温暖孩子们的心吧。事实证明,我所采取的方式是正确的。因为他学会了控制自己的脾气,不再轻易发火。

孩子们的天性就是永远不会让学校生活显得平静。这不,按下葫芦起了瓢,第二个学期的一节体育课,小峻同学不遵守规则,破坏课堂秩序,不是借口头疼跑去校医室,就是"骚扰"一下其他同学,还直接把站在他前面的一个女同学失手推倒了,体育老师没办法,只有停课进行教育。事后,经过调查,竟发现班级大多数的孩子都被他打过。

结果,他被同学们贴上了"三十二郎"的标签,其他同学渐渐不爱和他一起玩了。打篮球,不让他加入;小组讨论,不让他参与;玩游戏,不让他参加。他在家总是闷闷不乐的。家长反馈到我这里,我先是安抚了家长的情绪,并说刚好周一有班会课,这件事我会处理的。

周一班会课开始,我就说这节课的主题是:找找同学的闪光点。然后拿出一个纸盒子,告诉孩子们里面装了每个人的名字,待会儿我会随机抽取一张,抽到谁,大家就分别发言,说说这名同学的优点,我负责做记录,最后把同学们说的做成一张海报,张贴在班级门口,让所有人都看到,在学期末可以拿回家珍藏。孩子们很兴奋,都希望能抽到自己的名字。第一个抽到的是小璇(这个是随机的),第二个就是小峻(这个是我提前准备好的),孩子们还是很单纯、善良的,对于小峻,绝大多同学都积极发言,说了他们所看到的闪光点,连被他推倒的女孩都站起来说了。在这期间,我一直留意着小峻的表情,高兴加害羞。最后,我做了一个总结：这两名同学都很优秀，因为有这么多的闪光点。而且大家都很善良、宽容，从对小峻这件事，就可以看出来。虽然他原来有很多做的不好的地方，但是大家仍然不吝啬对他的赞美，所以从今天开始，希望大家忘记上周体育课上发生的事，忘记"32"这个数字，同时我更相信从今天开始，小峻会改变自己，让自己变得更好。一节班会课，解决了班级孩子对小峻的看法，也勉励了小峻，让他有机会做一个更好的自己。

教育，从爱出发，没有爱，教育的阳光就无法照射进学生的心灵。就像每一座山有山谷，正好可以让阳光照进山谷一样，孩子们在成长的过程中难免会遇到一些挫折，犯下一点过错，这正是我们智慧地运用爱心去促使他们成长的机会。

（沈静清）

用爱滋润心灵

流年似水，不经意间，我到了不惑之年，已是一个 18 年教龄的"老教师"了。从 21 岁开始，这接近 20 年的教育生涯，是我人生中最华美的篇章。

"让生命向着芬芳绽放"是我校的办学宗旨，芬芳教育是对教育本质的一种深刻理解和崇高追求，彰显的是一种情怀、一种文化以及一种境界。为更好地发展学校芬芳文化，我一直在学习和思考学校的办学理念"芬芳教育"。在思考的过程中，让我回想起了很多过往的教育点滴，虽然我不是班主任，但是作为学校的教导主任，经常要帮助班主任处理一些特殊学生，而且非常巧合的是，这些特殊学生往往很容易和我成为朋友，并在不知不觉中慢慢地发生着变化。

曾经有这么一名学生才哥，他是老师们口中的"特殊学生"，几乎全校皆知。这个"才哥"，据说他的课堂表现很让人头疼，上课会无缘无故地跑出教室，经常与同学发生矛盾。有一次他坐在楼道不肯进班级，情绪非常激动，又哭又闹，班主任又要上课，非常为难，跑到教导处找我帮忙处理，我首先让班主任回班级，才哥交给我安抚。这是我第一次见到才哥"发作"，这个时候的才哥，双手紧紧地抓着楼梯的栏杆，不停地啜泣，情绪非常不好。看此情形，我没有急着让他回班级上课，而是蹲下身子，坐在了他身边，轻轻地告诉他，老师不是让你回班上课，你先别哭，如果你想待在这里，老师陪你。听我这么说，过了几分钟，才哥情绪渐渐平稳下来。接着，我和他说，你站在楼梯这里非常不好，如果你不想上课，要么到我的办公室去，那里比较舒服，而且老师有好吃的，我请你。就这样，才哥到了我的办公室，情绪平静了下来。我开始和他聊天，我没有聊他为什么不想去班级上课，而是和他聊一些家常、兴趣爱好等。通过聊天，我发现才哥平常特别喜欢玩电脑，我心里暗喜，这不是我的强项吗？顺着这个想法，我和才哥聊得非常开心，慢慢地他笑了。离开之前，我和才哥说以后你如果不开心都可以过来找我。

课后，我找了班主任过来了解才哥的基本情况，为了能够更好地帮助才哥，我让班主任联系了他的妈妈来学校共同交流孩子的问题，在谈话过程中我了解到才哥的家庭确实是一个问题家庭，爸爸是冷漠型家长，妈妈是纵容型家长，两个人平时都没有什么时间陪伴孩子，孩子一遇到状况家长要么以暴制暴，要么放任自流，没有思考过任何教育对策。才哥的妈妈虽然带孩子去医院进行过评估，告诉我们她的孩子有注意力方面的问题，但她不愿意提供任何诊断资料，也不愿意让孩子接受专业的治疗。但是，班主任和我并没有放弃他，我和班主任商量，观察并记录孩子在班级中出现的偏差行为，针对孩子的情况我们制订了一份个性化成长方案。

经过上次的聊天，我能感觉到才哥对我还是比较信任的，他经常课间都会到我的办公室门口溜达，和我问声好，我都会抽出几分钟的时间和他聊一会天，问问他在校的基本情况和有没有遇到什么不开心的事，慢慢地我和才哥建立了非常好的友谊，我针对他的兴趣爱好，在玩电脑方面给了他很多的建议，让他少玩点游戏，多些研究电子作品的制作，给他布置一些小任务，让他参加区里组织的学生科技信息节。一段时间以后，才哥喜欢上电子作品的制作，在区科技信息节上收获了不少的成绩，让他体验到了学习带来的乐趣，在班里开始主动地和班上的同学沟通，会夸奖其他同学的优秀行为或品质，上课时跑出课室的行为减少了，课堂上的专注力有了提升，学习有了起色。

才哥的爸爸妈妈很快发现了才哥的可喜变化,主动联系了我表示愿意配合老师对孩子的教育。于是,我借此机会让班主任在班级针对他的表现及时给予表扬。经过一年多家校共同努力,才哥的进步是有目共睹的。在学校,对学习有了一定的积极性,现在他能按时完成作业,改变了以前与同学相处时毫不在乎的态度,和同学友好相处,为班级贡献自己的力量。在家里,家长也反映他能主动地承担一些简单的家务事,脾气有所收敛,爸爸妈妈和才哥之间找到了更好的相处模式。

经过此事,让我深刻地意识到只有满怀爱心面对学生,细心呵护他们的心灵,耐心陪伴,给他们有效的教育策略支持,才能浇灌出希望之花,让"特殊学生"不再特殊,我想这就是真正在践行我校的办学宗旨"让生命向着芬芳绽放"。

2014年,由于学校人员变动的原因,我临时担任了六年级科学学科的教学任务,面对新的学科和接下来区里调考,我倍感压力。我班有个学生叫温嘉炜,我刚教这个班时,他的作业经常不做,即使做了,书写也相当潦草,上课爱做小动作,还总是影响别人学习,下课喜欢和同学追逐打闹,各科成绩基本都是不及格。于是,我经常找他谈话,希望他能以学习为重,按时完成作业,知错就改,争取进步。也许是刚教他的缘故,开始,他是一副爱理不理的样子,后来虽然口头上答应了,可他还是一如既往,毫无长进,真是"承认错误,坚决不改"。此时我的心都快冷了,心想:算了吧,或许他是根"不可雕的朽木"。但又觉得身为一位老师,不能因为一点困难就退缩,不能因为一个后进生无法转化而影响了整个班集体,我暗暗下定决心:不转化你,誓不罢休。为了有针对性地做好他的工作,我决定先从他的思想入手,先让他接受我,认可我。我经常课后找他谈话,了解他不愿意学习的原因,我发现他是一名非常聪明的孩子,只是家长没有时间管教而放任自由,再加上上课不认真听,导致很多作业不会做,就索性不做了。我经常帮他补习,上课经常请他回答问题,当他有一点进步,就及时给予表扬和激励,甚至还会因为他的进步给他奖励小奖品,慢慢地他感受到了我对他的关心,愿意在学习上付出时间,成绩也有了明显的进步,甚至在一次单元测试中考了 98 分全班最高分,最后在区里统一调考中获得了 A 的好成绩。

我觉得,学生的心灵是最敏感的,他们通过老师对自己的态度来判断老师是否真心喜欢自己,他们也渴望老师能够时时刻刻关心爱护自己。只要教师真心爱学生,并让他们感受到这种爱,他们就能以极大的努力向着老师所期望的方向发展。就像我校提出的"芬芳教育"一样,要以芬芳之手段培育芬芳之人格,让儿童循着芬芳的诗情,邂逅一场美妙的生命之旅。所以,我坚信,让生命成为芬芳的诗句是教育的神圣使命。

(朱铧青)

你若盛开，蝴蝶自来

"只要不是小娟，把谁调来我都没有意见！"一向乖巧懂事的九组组长小绵第一次冲我发起了脾气。也难怪小绵觉得委屈，哪个组长会喜欢一个被全班排斥的组员呢？说起小娟那真是令人头疼：不做作业、书写乱、爆粗口，几乎偷拿过班里所有同学的物品。自接班以来，虽然在我的引导和帮助下，小娟已经改掉了不少坏习惯，但是同学们始终不肯接纳她。

哲人苏格拉底说过："教育的智慧在于唤醒。"有道是："你若盛开，蝴蝶自来。"每一个孩子都是独特的生命个体，每一个孩子都是一株含苞待放的"花蕾"，如何帮助孩子自然而然地"绽放"？如何促使他们散发出自己最美的"芬芳"？其实，著名教育家苏霍姆林斯基已经给了我们答案："能激发出自我教育的教育才是真正的教育。"是啊，在孩子的成长之路上，有太多的"说教"和"道理"萦绕在他们耳边，但只有当他们能够进行自我教育时，才能让孩子散发出最美的"芬芳"。

怎样做可以促使孩子自我教育呢？

当孩子犯错，他需要的不是指责和道理，而是几句能安抚情绪的话语："你想说说发生了什么吗？""回顾整件事，你哪里没做好才导致了这样的结果？""下次遇到类似的事情你会怎么做？"

当孩子考试没考好，他需要的不是批评和打骂，而是有人能坐下来倾听他的分析，再一起反思近期学习上的不足，帮他制订一个可行的进步计划……

当孩子遇到挫折，他需要的不是包办和代替，而是有人帮他整理思路："你想要一个怎样的结果？""你准备如何实现这一结果？""你需要我做什么？"

....

每一个孩子在其成长过程中，都从家长、老师那里听到太多规劝和道理，但有多少孩子是在一遍遍的唠叨中成长的呢？只有当真正唤醒了孩子的内心，激发了他们改造自我的动力，这时家长和老师的"教导"才是有效的。所以，真正促使孩子成长的，本质上是孩子的自我教育。

又到星期五，按照惯例夕会时组员给组长匿名打分。出人意料，九组组长小绵竟得了满分。我心头一喜，这不是激发小绵自我教育的好机会吗？我立刻叫来小绵。小姑娘看到这个分数傻笑着，不吭声，我故意戳破她心头的那层纸："诶！你看，人家小娟可是给你打了满分耶……"

果然，周一上交的组长周记中，小绵这样写道："……小娟这次居然给我打了满分，我高兴之余有着深深的愧疚感。身为组长，我应该多多包容和帮助组员，可是我……后来我找到其他两名组员，没想到他们也同意重新接纳小娟。真希望小娟尽快融入我们组……"之后的一段时间，在九组同学的带动下，同学们和小娟之间的关系不似以前那么紧张了。但是，我仍只是静静地观察着，不时找同学们聊聊小娟的转变，也在无人的时候鼓励小娟做最好的自己。

直到那本"纪念册"偷偷地躺在我的桌面，我才猛然想起这不是暑假前我特意给小娟布置的"暑假作业"吗？这孩子，怎么这么快就完成了？哈！那个我一直在默默等待的时机终于成熟了。"同学们，这是我们彼此相处的最后一年了"。小家伙们一听，立即伤感起来。我接着卖关子："有一名同学，因为难舍这份珍贵的同学情，她从暑假开始就悄悄地为全班同学准备着一份'特殊的'礼物。"看着讲台下一个个左顾右盼的小脑袋，我继续卖关子："这名女同学虽然犯过一些小错误，但是很久之前她就已经改变了。

她是多么渴望赢得同学们的肯定和友谊啊……"

同学们纷纷扭头看小娟，只见小娟局促地搓着手，眼里泛着泪光和不安。在大家不由自主的掌声中，我们邀请小娟上台介绍这本纪念册，同学们听得非常专注，恨不得把脖子都伸到讲台上来。小娟不好意思地向大家解释："我画得不好，一人一页，每一页都是我想对大家说的话和祝福，希望同学们能够喜欢……"在小娟向同学们鞠躬的那一刹那，班里响起了热烈的掌声。几个"调皮鬼"急不可耐地向小娟讨要纪念册，一时间彼此异常亲近，那一面堵在小娟和同学们之间的"柏林墙"终于倒下了。

英国诗人丁尼生说："自重、自觉、自制，此三者可以引至生命的崇高领域。"让自我教育成为孩子成长的不竭动力，让每个孩子都散发出自己最美的芬芳！

（吴　焰）

教育是一种召唤

很庆幸，我在 11 年的教育旅程中，收获了很多感动。这些感动源自我的学生，那些天真可爱的孩子们。身为班主任，有时候为了很多琐事头痛疲惫，但也总能在琐碎的教学生活中发现让人惊喜和快乐的事情。也许，这就是当老师的幸福。回想起来，有两件事情让我记忆深刻。

关爱学生，在平常的教学生涯收获点滴的快乐与感动

记得有一次，我正准备上课，有位老奶奶冒着大雨来给她的孙女送面包和牛奶。我接过后本想直接交给那位学生，但转念一想，便把面包和牛奶高高举起，问道："这是什么？""面包和牛奶。"学生异口同声地回答。"这，仅仅是面包和牛奶吗？其中还包含了什么？"我又追问道。有的学生沉默了，很快，有机灵的学生回答道："还有爱。"我笑了笑，把面包和牛奶递给那个学生："来，把爱接着。"然后我回到讲台上，意味深长地说："孩子们，我们来细数一下，这个'爱'还包含了哪些内容？"孩子们经过了一番细数，发现这爱原来包含着老奶奶冒雨行走的两三公里路，爬四十多级楼梯来到班级门口，以及对孙女未吃早餐的担心和牵挂，等等。最后我总结："爷爷奶奶，爸爸妈妈，总是时刻惦记着我们，无怨无悔地为我们付出。他们对我们的爱，也许不是轰轰烈烈的，却是如细雨般滋润我们的心田，渗透在生活中的方方面面，只要我们用心，就能够细细感受到。作为晚辈的我们，要以一颗感恩的心，去回报他们对我们的爱。"我本以为这件事情就这样结束了，但后来班上一个同学的日记让我有了莫名的触动：

"我曾经以为爸爸妈妈不爱我，只是忙于做生意，我不止一次想离家出走，或许是因为我对他们的不满。但现在，我把这个荒唐的想法扼杀掉了……爸爸妈妈如此辛苦地为生活奔波，也是为了给我更好的生活，我应该更加努力学习，让爸爸妈妈少一些忧虑……"

写这篇日记的孩子，他的爸妈每天起早摸黑地在农产品批发市场做水果批发生意，很少关心他的学习，他有过不满，或许是那天的事让他对父母多了一份理解和关爱。这样的效果，胜过苦口婆心地劝说，胜过严厉地批评说教。从此以后，我更加注重从生活的点滴细节去引导孩子们敏锐感知身边的幸福，从而培养孩子们那颗感恩的心。

信任学生，让学生在爱的氛围中成长进步

记得有一年，我当一年级的班主任，一个叫小丽的同学经常在课堂上和旁边的同学说话，说到高兴处，还手舞足蹈。我经常用眼神和手势示意她停下来，但她并不大理睬我。后来有一次，大家在认真地读课文，她却和同桌哈哈大笑。我点了她的名字，请她回答问题。谁知道，她立刻拉下脸，撇着嘴唇，小声嘀咕起来。我听不清楚她说什么，旁边的孩子大声地喊了起来："老师，她说她讨厌你。"我有些惊讶，惊讶于她的坦白和勇敢，很快，我理解她了，我打断了她的笑话，她当然讨厌我。孩子总是最单纯的，他们喜欢就事论事，爱憎分明，这正是他们的可爱之处。我心平气和地对着她说："小丽同学，你讨厌老师，老师还是很喜欢你。如果你上课能更认真，老师就会更喜欢你，也会经常表扬你。"听了我的话，她稍微坐好了些，头抬了起来，接下来的时间，她的眼睛也开始看着我。第二天，上课时，我发现她坐得比昨天端正了。于是我又再次表扬了她。她的头抬得更高了，小手摆放到位，眼睛里面闪着兴奋的光芒。下课的时候，她居然跑出来拉着我的手，说："老师，我帮你拿书到办公室吧。"我把书递给她，并夸她："小丽同学真棒，是老师的小助手了。"她开心地笑了。后来她上课一直很认真,语文成绩一直在班上名列前茅。尽管现在她已经不在我的班上,但每一年的教师节,她都不忘送给我一份小礼物,有时候是一张贺卡,有时候是一支红色的圆珠笔。每次收到她的小礼物,都让我感动不已,因为我感受到的是一个孩子纯真而善良的爱。这件事情让我有了很大的启发,我尽力做到让孩子感受到老师的关爱,因为知道被爱和被欣赏,是孩子进步的最大动力。

我相信,好的教育是一种召唤,让孩子体验到柔软、慈爱、善良。当你真心付出了,你收获的将是孩子们最纯真的爱。我依然记得,当我感冒时,孩子们为我递上热水和纸巾;当我休假待产时,孩子们绞尽脑汁为我宝宝取名字;当我重返校园时,孩子们围在办公室窗外看我,他们那欣喜雀跃的表情让我至今难忘……是我的学生,他们求知的目光,可爱的笑脸,让我体会到了教育的幸福。今生,我愿一直扎根于教育事业,做一名幸福的班主任,与孩子们共同享受着这片教育的芬芳。

(郑 盈)

第四章
教育是邂逅美好的芬芳之旅

教育是人生命旅途中最美的相逢，是人对美一生的追随。人们接受教育的过程是一个享受美好时光的过程。一切美的东西对人都具有神奇的教育作用。教育是人格心灵的唤醒，师生相遇，是心与心的相碰，是心灵的点燃，只有让学生的心灵真正打开，绽放，才能有教育的绽放。教育的美好还在于给人带来价值，同时也有自我的塑造和完善，教师在成全学生的同时成全自己。教育是最美的相遇，是生命旅程中最美的绽放，是邂逅美好的芬芳之旅。

教育是人一生的修行,在修行的旅途中,我们一直寻寻觅觅,以期邂逅心神向往的美景,来成就最美的自己。

教育就是与美的一场场邂逅。

邂逅即是相逢,相逢是美的。"金风玉露一相逢,便胜却人间无数",这是牛郎与织女的相逢,几千年来成就了人民对美好感情的向往。相遇是最美的绽放!无数的故事,因相遇而发生,而精彩。教育正是人生旅途中最美的相逢,是人对美一生的追随。罗素认为,人生的一个真谛是享受美好生活中的乐趣,人们接受教育的过程也应该是一个享受美好生活的过程。一切美的东西都对人具有神奇的教育作用。这正如苏霍姆林斯基所说,教育儿童通过周围世界的美,人的关系的美,而看到精神的高尚、善良和诚实,并在此基础上,在自己身上确立美的品质,同时珍惜爱护这种美,并用自己的行动让这种美达到应有的高度。作为老师,要对这些宝贵的"美"进行挖掘与引导,使其达到教育的最美的境界。

教育就是一场心灵与心灵的邂逅。

苏格拉底说:"教育不是灌输,而是点燃心灵的火焰。"马克思也说教育是人格心灵的唤醒。教育小孩,先要让自己有灵魂,让心灵充盈,你的灵魂才能唤醒孩子的灵魂。好的师生关系,无非就是一种相逢,是心与心的碰撞,孩子们像小彩豆一样从四面八方聚拢来,心灵依偎在一起,像种子一样,他们在流逝的岁月中,生长出青葱的绿色。作为老师,我珍惜这样的相遇,像农民对粮食的珍惜,我们种下希望,施肥、浇水,相信种子,相信岁月许下的诺言。我们给孩子们公平的教育,公平地给予阳光和雨露;我们还想给孩子们绝对的安全,没有被强加的任何负担,活在温馨的和谐中;我们还让学生感到自然和舒展,庄子说,自然而然,真正的相遇,应该如流水一样平和安静。因为我们相信唯有在充分的安全和自由中,孩子的心灵才会真正打开、绽放。

教育就是相互成全的邂逅。

教育的美好就在于给人带来价值的同时,也有自我的塑造和完善,让人找到精神家园,找到美好的存在感,是自己幸福生活的保证,是实现价值的方式。教育的更美好之处在于,教师成全学生的同时,也在成全自己。教师最大的幸福就是把一群群孩子送往理想的彼岸,

还有什么比看着自己的学生飞得更高、更快、更远,更令教师欣慰的呢?我们愿意给足孩子耐心,愿意成全孩子的快乐,我们也会打心底感受到教育的幸福。"成全"的理想追求是不求成功,但求成全;不问成败,只问是非;不问结果,只问耕耘。"成全"的关键在于用孩子的眼光看世界。有句话说得好:从老师的角度看孩子的世界,不难,难得的是老师会蹲下来,保持和孩子一样的高度看世界。我们是一样的生命,我们彼此尊重,彼此滋养,彼此成为生命中的独一无二。

生命旅程中,相遇是最美的绽放,教育是最美的相遇,这种相遇是一种恩赐,一种缘分,让我们一起在教育的旅程中邂逅芬芳和美好。

（张映辉）

拐角遇到爱

转眼,和我的"土豆"娃儿们在一起快三年了。记得刚入学第一周,我让孩子们给我们一(2)班取个班名,孩子们经过再三讨论,终于发现大家有个共同的爱好,就是爱吃土豆,所以理所当然地取名为"土豆班",他们也成了我最可爱的"土豆"娃儿。沐浴着阳光雨露,外加还算是勤勤恳恳的农夫,眼见着这堆"土豆"娃儿的长势越来越喜人。我看着那些个大皮滑溜圆的"土豆"娃儿,总是喜上眉梢,忍不住嘴角扬起笑意。可是有那么几个娃儿,长得差强人意,要么调皮捣蛋,要么成绩落后,看到他们,我总是特别严肃。尤其是犯了错误,脸上立马就晴转阴了,所以这几个孩子也有些怕我,不敢和我亲近。可是近期发生的两件事情让我觉得特别惭愧。

故事一:"老师,我喜欢你。"

孩子们最盼望的秋游终于到了。一大早"土豆"娃儿们就来到学校,安安静静地坐在教室里等着老师带他们坐车。终于上车了,孩子们再也掩饰不住自己的兴奋,好朋友三五成群地坐在一起,欢呼雀跃。我最后一个上车,环顾一下,发现只有小毅一个人孤零零地坐在车子的最后一排,周围没有一个朋友。小毅平时话不多,但特别调皮,总喜欢欺负小朋友,几乎每天都有孩子来投诉,不是说小毅拿了他的东西就是说小毅打了他。因为投诉的次数太多了,所以很多时候,我都没有过问具体情况,就把他叫到办公室来劈头盖脸一顿批评,他也成了全班挨批评最多的一个娃儿。班里的孩子都不喜欢他，所以在车上自然也没人愿意跟他一起坐。看到小毅孤单的身影，失落的眼神，我想也没想就走过去，摸摸他的脑袋，问："小毅，老师和你一起坐，好吗？"小毅吃惊地抬起头看着我，好像不相信自己的耳朵，又生怕我会反悔，赶紧点头。我在小毅旁边坐下，和他聊天，他的话依然不多，有些害羞，但我能感受到他的高兴。来到活动基地，孩子们双双手拉手排队，我看到了小毅渴望的眼神，二话不说牵起了他的手，说："今天，老师和你是好朋友，我们手拉手。"一路上，小毅的小手紧紧地牵着我，越来越兴奋，也开始和其他小朋友一样又唱又跳。到了休息的时候，孩子们都拿出自己带来的零食，津津有味地吃了起来，没有一个人注意到站在一旁的我。这时，小毅打开书包，把书包里所有的零食掏出来，一股脑儿地塞到我的手上，说："老师，给你。"我把零食还给他，笑着说："谢谢小毅，老师和你一起吃。"小毅拼命地摇头，把零食一个劲地往我怀里塞，说："老师，我不吃。我喜欢你，全部给你吃。"望着孩子通红的脸蛋，惭愧之感油然而生。回想起平时自己常常大声地斥责他，每次看到他总是板着脸，几乎没有耐心地和他交流过。而今天我仅仅只是陪他一起坐车，和他牵手，孩子就全然忘记了我的种种严厉，眼里只有老师对他的好，他欢喜得不知该如何表达，只想把自己所有的零食都给老师，多么可贵的童真！我紧紧地抱了一下小毅，我知道了这种看似长势不佳的"土豆"娃儿才是最需要阳光、最需要关爱、最需要微笑的。

故事二："老师，你吃吧。"

运动会已经进入到第二天，"土豆"娃儿们个个拼了命，成绩也前所未有的好。所以我买了两袋棒棒糖，在比赛结束后奖励孩子。孩子们都兴奋地等待老师发糖。给全班孩子每人发了一根，还剩下小半袋，我征求孩子们的意见："剩下的糖发给谁？"孩子们一致说给在运动会上给班级争光，拿了奖牌的孩子，于是我又发了一轮后，袋子里还剩下最后一根。我又问："最后一根给谁呢？"孩子们都兴奋地从座位上跳起来，举起手大声叫到："给我！给我!"这时从一阵"给我,给我"的叫声中,冒出一句:"老师,你这两天带着我们参加运动会,也很辛苦,你一根也没吃。老师,你吃吧!"听到这话,教室里其他又蹦又跳的身影顿时矮了下去,教室里鸦雀无声。我循着声音望过去,原来说这句话的是小生。小生对学习总是很不上心,没少为成绩、作业这些问题遭我批评。没想到今天心里想到老师的却是一个我眼中长势不佳的小"土豆"。

是啊,漂亮的土豆固然值得农夫喜爱、看重,可生长缓慢的土豆不是更需要农夫的精心照料吗? 我从这两个小"土豆"娃儿身上不但收获了感动,更收获了为师之道:少一些阴霾,多一点阳光;少一些冷漠,多一些温暖;少一些指责,多一些关爱;少一些严厉,多一些微笑……我会让每一个小"土豆"向着阳光,向着芬芳,健康快乐地成长!

(蒋 莹)

每一朵花儿都有不同的姿态

　　我记得成为老师的那年,在一次新老师集训的培训班上,有位专家问道:"你们想成为怎样的老师?"那一刻,我在心里暗暗发誓:我要成为孩子喜爱的老师。因为我相信"亲其师,信其道"。只有当孩子真正喜欢你了,才能发自内心地接受你的教育。但是,这个愿望看似简单,当我走上三尺讲台,才发现实现却是如此不易!

　　踏上工作岗位的第一学期,我任教一、三两个年级的英语。尽管预想到了种种的困难,但在开学后的一段时间,自己还是陷入了新老师特有的迷茫与彷徨,一度感到那样的无助。

　　当时的我,每天都在瞎忙乎,真心想上好每一节课,却又不知从何入手。尤其是一年级的课堂简直是乱成一锅粥,精心准备的课,总会被不懂事的娃娃们打乱,有的要上厕所,有的下座位乱跑,有的突然嚎啕大哭。经历了开头一个月炼狱般的磨炼,在我的努力下,那些不懂事的娃娃们逐渐适应了校园生活,课堂上的他们,开始变得"老实"起来。同时,通过不断地自我学习和自我进步,在后来的教学过程中,我尝试建立英语班级微信群,通过微信群布置作业,借助此平台与家长交流,了解孩子的学习情况。再后来,我逐渐提高作业要求,根据课程主题布置任务,让孩子录制小视频来检验他们的语言输出。这其中,小煜同学的视频作业总是让我眼前一亮。我只是简单地布置用水果练习"Give me a . . ."句型的作业,他妈妈还会进行情景创设,假装自己是水果店老板,让孩子扮作顾客购买水果。当我在微信群中一番表扬后,一名平时顽皮不爱听课的小天同学也效仿小煜,在情境创设下完成了句子的操练。通过检查孩子们提交的小视频作业,我迅速地记住了孩子们的姓名和相貌。同时,孩子们也通过微信群欣赏其他同学们的表演,使得学习英语的兴趣更加浓厚。有时候课间遇到一年级的小朋友,他们都追着我问:"叶老师,下节课是英语吗?""下节英语课学习什么?"一句句童真的话语,使我的心头涌起一阵阵自豪的感觉。

雅斯贝尔斯说:"教育的本质意味着:一棵树摇动另一棵树,一朵云推动另一朵云,一个灵魂唤醒另一个灵魂。"每个初入学的孩子,都是一颗充满希望的种子。这些种子,在园丁的精心栽培和照料下,有的还处在萌芽状态,有的正含苞待放,有的已鲜花盛开。我们应欣然接受每朵生命之花的不同姿态,用爱、用心、用情去拥抱他们,静待其芬芳生长。每当我走进教室,我仿佛看到一颗颗种子在破土、发芽……

当我刚刚适应一、三年级的教学,新的挑战又来临了。因工作需要,学校安排我接手六年级三个班的教学工作。突如其来的变动,着实让缺少高年段教学经验的我焦虑了一阵子。既来之,则安之。我调整好心态,开始想着如何与六年级学生"斗智斗勇"了。为了调动他们的积极性,我创建了班级英语小组。最让我难忘的是,有一组要完成合唱英文歌的学习任务,这组学生上台后有一句没一句地唱着,有一调没一调地哼着,让我真正体会到"尴尬"两个字是怎么写的。最后,皇天不负苦心人,在我的鼓励下,当班上其他同学一起帮助这个小组完成这首歌的合唱时,我深刻体会到,教师的职责不仅仅只是传道、授业、解惑,还有唤醒和鼓舞学生的使命。正如当代学者肖川在《教育的力量》一书中写的:教育在于灵魂的感召,在于唤醒、鼓舞每一个学生所具有的丰富潜能。

从教以来,我听过许多赞扬,也接受过许多批评。但印象最深的是同事的一句评价:你具有所有让学生喜欢你的基本素质。

我不知道到底是什么样的标准，才能达到我心中最初的目标，但我深刻感受到，我们在教育学生的同时，他们同样也在教育着我们。在教育的路上，有许多未知和挑战，有许多迷茫和困惑。《教育常识》一书中提出：教师每天都在目睹着一个个生命，在教育力量影响下一点一滴生长变化的奇迹，每天都浸润在生命成长的气息之中，这是别的职业难以体会到的幸福，也有他人难以体会的艰难。教师自身应该不断尝试新的教学方法，不断地学习探索，不断和学生进行灵魂的碰撞。在用心栽培学生的过程中，收获的不仅是学生的芬芳生长，也是老师的芬芳生长。

教师这份事业对于我来说其实才刚刚开始，在学校这芬芳美好的地方，怀着满腔热忱的我在教育的征途上探索，用心、用情和用爱培育每颗希望的种子，看着他们破土，发芽，向着芬芳生长。

在拥抱每朵生命之花的过程中，与孩子们一起芬芳生长，在最美的年华，用心耕耘梦想，遇见最好的自己，邂逅一场美好的芬芳之旅！

（叶俊婷）

用爱呵护那一点点光

有一次，我发现班上一向活泼的男孩 G 一连几天无精打采、郁郁寡欢。我马上进行了家访，了解到原来是他的妈妈离家出走好长时间没回来，家里状况一团糟。"没妈的孩子像根草"，我的心刺痛不已，决心一定要帮助他走出困境。

我经常邀请他到办公室聊天，聊他最喜欢吃的食品，聊他最喜欢看的动画片，聊他最喜欢的玩具，等等。我还安慰他说：妈妈是出去赚钱了，妈妈一定会回来的！你要让她放心。我还善意地"欺骗"他：妈妈隔三差五给老师打电话，问你的身体和学习情况，我说你挺好的，每天有小进步，让她放心，并请她尽快回来。我还问他："在你的妈妈回来之前老师就是你妈妈，你就是我的儿子，好吗？"他听后既高兴又羞涩，向我猛点头，露出了会心的微笑。

有一天，他问我："老师，你住在哪里？离学校远不远？你家漂亮吗？"我顺势邀请他到我家做客，他欣然同意了。在征得他爸爸同意后，我带他来到了我家。他小心翼翼地跟我家人打招呼："叔叔好！姐姐好！"然后这里看看、那里摸摸，眼睛放射出久违的光芒，嘴角露出难得的微笑。我说要给他做我的拿手好菜，他表示要来帮我洗菜并看我如何做菜。"老师，葱和蒜我分不清。""老师，你做得焖牛筋真好吃！"他的话多了起来。离开我家时，我送给他一个地球仪，告诉他地球仪是一位无声的老师，里面有许许多多的知识……儿童节前，我送给他两本绘本。他很喜欢，很快看完了跑来跟我讲书里的故事。放学后我带他来到学校图书室让他挑选喜欢看的书,他欢呼雀跃着,图书室荡漾着他久违的笑声。随后他不时请我陪他在图书室看书、借书。有一天他突然告诉我:"看书真开心!"他生日那天我给全班孩子买了棒棒糖,并给他送了一个魔方和一本书,孩子们唱着生日歌、吃着棒棒糖,他在同学们面前笑得是如此灿烂!现在,五年级的他是个名副其实的书迷,沉入书海的他忘却了一切忧郁……我拉着他的双手问他:书是不是你最好的朋友?他眼里泛着泪光笑着说:您也是我最好的朋友!顿时,我不禁热泪盈眶,是呀,老师关爱的目光就是孩子心灵的阳光。

对于缺少家庭温暖的孩子更需要老师靠近他们、了解他们、关爱他们、帮助他们,才能使他们走出困境。是的,特别的爱给特别的他(她),"爱,让教育温暖和芬芳"。于是,我选择更多地走进了孩子们的生活,进而走进了孩子们的心灵深处。

Z同学成绩一落千丈,日常表现判若两人。他的反常举动让我走进了他的家,这是极端贫困的家。本不宽裕的家庭,因妈妈得脑瘤更是雪上加霜,在深圳昂贵的医疗费用面前选择了回老家做手术并疗养,爸爸是小货车司机,几乎没日没夜地工作。每天10元钱便是两个孩子一天的伙食费……不久学校为他争取到了爱心企业的助学金……老师们的辅导、鼓励,点燃了他心中的希望。家长会上他搀扶着术后行走颤颤巍巍的妈妈走进教室,他自信地上台分享了自己的进步和快乐。让我们看到了又一个孩子循着芬芳的诗情,邂逅一次美妙的生命之旅。

爱,是教育的灵魂;爱,滋润着每一个生命绽放芬芳;爱,需要走进学生心灵深处,了解学生的身心处境和真正需求,及时给予学生精神慰藉。这种爱让学生的心灵充满阳光、体味阳光的味道、感受芬芳的美好。伟大的文学家高尔基说过:"谁爱孩子,孩子就爱他(她),只有用爱才能教育好孩子。"班主任老师充当着爱的使者,进行着爱的教育,一举一动洋溢着诚挚、无私的爱。多年的班主任经验告诉我,班主任的万能定律:用爱呵护那一点弱光,向每一颗心灵都敞开温情的怀抱。用最美丽、最友善的语言——微笑,去理解、尊重、拉近与学生的距离,并走进每个学生的心灵世界。

只有用爱心浇灌的花朵才能绽放芬芳,只有用心走进学生心灵的教育才是真正有灵魂的教育! 让我们一起努力做一个芬芳的人,去呵护那一点点光,期待那一点点光无限绽放!

(钟瑜红)

让生命芬芳绽放

我始终相信,学校是一个温暖而芬芳的地方,每一个孩子能在老师们的滋养下,吐露生命芬芳。

作为一个经验尚浅的班主任,处理孩子的很多问题都不得心应手。我毕业时,接手了一个问题班级。之前的科任老师提醒我在面对这个班的孩子时一定时刻保持严肃,不能露出笑容。可是,慢慢地,我发现自己错了,遇到学生来找时,我大声地教育学生。但是我观察到一些有经验的班主任处理学生问题时会仔细调查清楚再做出处理。因此,我也渐渐转变自己的教育方式,尝试多去关心孩子的心理、表现再做出处理。

现在许多小学生上完一天的课程后,还要参加各种社团和培训活动,晚上,好不容易做完作业想要放松,却又被家长要求做额外的习题、背诵和口语练习等事情,学习负担比较重。这的确是一个社会现象,家长过于追求孩子的分数,导致孩子疲惫不堪。尤其是一些独生孩子的家庭,家长在物质方面给予充分的满足,在生活上过度的保护和干预,很少关心孩子的心理健康。我们班就有一个这样的孩子,家长很重视孩子的学习,每天老师布置的作业他一定会很认真的检查,甚至会用红笔给孩子标注出来。虽然成绩不会太差,但是我发现,孩子的审题习惯很差,同时,在生活上这个孩子的独立性也很欠缺。沟通下来,我发现,孩子就是从小过分依赖家长的检查,觉得完成作业是他的事情,检查作业是家长的事情,跟他没有多大关系。生活上,吃饭、穿鞋乃至戴红领巾都由家长一手包办，这些事务跟他好像没有多大的关系。渐渐地，不管是学习还是生活，他总是丢三落四，让我们都很头痛。后来跟家长沟通一番之后，用鼓励的方法告诉孩子要学会独立。渐渐地，丢三落四的习惯有所改善。可见，对学生进行心理辅导，有利于孩子的身心发展，培养孩子的独立性。

我刚毕业时接手了一个后进班，纪律散漫，科任老师基本没法上课，成绩几乎每一科在年级都是倒数，"后进生"的数量加起来就是其他几个班的"后进生"加起来的总和。作为这个班的班主任真的感觉"压力山大"。刚工作，好胜心强，以为只要努力就可以把这个班起死回生。经过一年多的努力，这个班在行为习惯上有所好转，可每次谈起成绩总倒吸一口冷气。每天留堂辅差感觉成效不大，因为老师在逼孩子学习的同时，其实他们也在试探老师。时间一久，他们知道你的招数，老师留堂到一定的时间也就放学生走了，那就拖拉玩耍到点就好了。这些学生的父母大多数工作繁忙，根本就没时间管孩子的学习，也不重视孩子的学业，他们觉得孩子能读成书学到知识就继续，不行也就作罢。家庭因素加之本来的习惯让他们越来越懒散。当了解到这样的生源情况之后，我一度很是崩溃。所以，我把主要的精力放在跟家长的心理沟通上，多用鼓励的形式让家长明白家庭教育的重要性，要让家长参与进来彻底改变孩子的不良习惯。

我们班有这么一个孩子，家里兄弟姐妹很多，他本来是老大，父母根本无暇顾及他的学习。一开始，不清楚他的情况时，我在课上常常批评。渐渐发现孩子的情绪不对，每次找他过来的时候他低着头不讲话。孩子平时也很自卑，其他孩子老是取笑他。了解了他的情况之后，我马上与他的家长进行交流沟通，告诉家长要尽量给他创造一个良好的学习环境，至少要保证晚上的睡眠时间。同时，我了解到他的数学还是不错的，就让数学老师多鼓励孩子。于是，在他自己的努力下，数学成绩有了很大的进步，自信心增强了。我经常在其他孩子面前表扬这个学生，渐渐地，这个孩子的习惯有所改变。

家庭成员尤其父母对于孩子的心理健康十分重要，家长的品德修养、文化水平、教育方法、家庭环境条件等对学生品德和心理成长有直接而又重大的影响，更别说"单亲家庭""问题家庭"了。家庭关系不和谐，是孩子出现心理问题的重要原因之一。有的孩子由于父母离异或工作常常不在家，形成了单亲家庭或家中缺少沟通，这些孩子不是缺少母爱，就是缺少父爱，看到别人有父有母，一家和和美美，逐渐产生了自卑心理。我们班有一个小孩，他家是离异家庭，父亲再婚，爷爷奶奶整天在孩子面前诉说亲生母亲的不好，导致孩子的心理有些敏感，也十分内向。也许是受爷爷奶奶的耳濡目染，孩子每当提起亲生母亲都有些恨意。作为班主任，学生的家庭纠纷我是不便插手的，但是还是尽量从孩子的心理健康工作开始，让孩子的内心变得阳光、积极。同时也与家庭积极沟通，让家长创造良好的家庭氛围，改变这个小孩。

草埔，是一片沃土。而教育孩子，其实是一个传播和收获芬芳的过程。我希望在这片沃土中，修炼自己，在最美的年华，让生命绽放芬芳！

（陈晓霞）

微笑，最短的距离

　　一棵小树苗，可以长成参天大树，也可能半途枯萎夭折，学生成长过程亦然。所谓师者，传道授业解惑也。可见教师在学生的成长过程中起着巨大的作用。学生在学习生活中难免会遇到困难挫折，会感觉困惑和单薄无力。这时候他们需要老师伸出温暖友爱之手，用教师的人格魅力和教育方法，使他们及时得到滋养，不偏离成长的方向。

　　我喜欢维克托·伯盖说过的一句话：微笑是两个人之间最短的距离。于是我把微笑带进我的教育教学中，把它作为我的教育神器。我用微笑来传递爱，唤醒有困难有障碍孩子的自信，让他们重拾学习兴趣和信心。事实证明，微笑的确就像一把神奇的钥匙，它能打开学生的心灵。

　　与大家分享一个小故事。小亮是个很有个性的孩子，他经常与同学闹矛盾，一言不合就出手打同学。我第一天到他们班上英语课，他居然把一条小小的四脚蛇放到一个女同学的抽屉里，把那个女同学吓得大哭。当时我气坏了，拿起讲台上的一把尺子，朝他冲过去说："把手伸出来"。我把尺子举得高高地准备打下去时，听到他倔强地说："打就打吧，反正我妈妈也经常打我。"听了这话，我停在半空的尺子打不下去了。我转而用平和的语气问他："你妈妈每天都打你吗？"他沉默了，但其他同学却说："他每天都不写作业，所以他妈妈打他啊。"我听了心里很不是滋味，难怪他的脾气那么坏，动不动就打人，原来是因为这样。我要怎么样帮助他呢？下课了，我笑着让他帮我把装着各种教辅资料的篮子拿到办公室。他愣了一下，但很快就拎起篮子随着我向办公室走去。在路上我微笑着对他说："以后你们班上英语课前，你帮我把篮子拿到教室，上完课后你再帮我拿回办公室，好吗？"他用有些意外的眼神望着我，然后喜出望外地点点头说："好！"

小亮跟我慢慢地熟悉起来，我从他嘴里知道，他妈妈在商场做清洁工作，爸爸在外面打工，很少有时间陪他，我因势利导，微笑着对他说："你妈妈做清洁工作，每天都很忙很辛苦，她打你是希望你能好好读书，她心里也是很难受的，如果你以后好好学习，你妈妈一定不会打你的。"过了一段时间，他开始有进步了，上课认真听讲了，作业也完成了。课堂上我给他创设展示的机会，不断地表扬他、鼓励他，让他找回了自信。

微笑像雨后的彩虹，带给人期望；也像穿过乌云的阳光，带给人温暖。一个会心的微笑，胜过言语的批评；一个会心的微笑，可以消除学生的顾虑，增进师生的感情。微笑就是学生学习生活中的太阳。

小田是个自尊心强、内向、腼腆的男孩，他的语文和数学成绩都很优秀，但是英语成绩总是一般，课堂上他从不缺席却很少举手发言，他的作业总能按时完成却经常出现各种错误。因为怕伤害他的自尊心，我一直没找他谈心。一次偶然的机会，我得知他的电脑学得很好，PPT 也做得很漂亮，于是我抓住这个机会，找他教我做了一个 PPT。我对他说："这个 PPT 做得真漂亮，我自己肯定做不出来，以后我要多向你请教，你就是我的 PPT 老师啦！"小田惊讶地看着我，不好意思地说："可是您才是我的老师啊！"我摸了摸他的头，微笑着对他说："对于自己不懂的问题一定要问清楚，弄明白了疑问才不会越积越多，'三人行，必有我师焉'，不管是谁，只要比自己懂都是自己的老师。"他若有所悟地点点头。从那以后，不懂的知识点，他会问我或问其他同学。课堂上他能积极举手发言了，成绩稳步上升。对于小田的改变，我感到很欣慰。

微笑能消除人与人之间的隔阂，建立深厚的感情。适时的微笑，能建立良好的师生关系，优化课堂教学，帮助学生养成乐观积极的心态。教育工作的关键是对学生的爱，我深深感受到，老师在微笑背后，更要让学生感受到你的爱心、关心和耐心。只有这样，学生才能亲其师而信其道，我们也才能收到事半功倍的教育效果。教师在教育教学过程中，要用微笑和爱心构建一个和谐稳定的学习氛围，让学生在老师的微笑中快乐地学习，健康地成长。

（邓月琴）

爱是真诚无私的

有一天上午,五(1)班的谢伟庭同学被我叫到办公室。他总是不按时上交作业,已经是办公室的"常客"了。这次的原因也是没有交作业,可能是刚上完体育课,或者是太紧张,他满头大汗,低着头站在我的面前。我没有像往常一样追问他没交作业的原因,更没有指责他、批评他,我先递给他纸巾,让他把汗擦掉,并给他拿来凳子,让他坐在我身边。我把今天在课堂上学习的例题再给他详细地讲一遍,然后让他独立完成一道与例题类似的题。他做对了,我表扬他:"你看,只要你认真听讲,就能学会,其实你是一个聪明的孩子。以后在课堂上你可不可以像刚才那样认真听讲?"他点点头。接着我辅导他完成今天的作业,然后我让他回家。这时,他面对着我,一步一步地往后退。快要退到办公室门口时,突然弯下腰,非常认真地向我鞠了三个躬。还没等我反应过来,他便一转身就跑了。我被他这种突而其来的异常举动惊呆了。一个小学生,竟然用这种方式来表达他的感激之情!

后来我通过家访了解到,谢伟庭的母亲是一家公司的临时清洁工,被丈夫抛弃,她一个人带着谢伟庭非常艰难地生活着。谢伟庭从小就没有得到父爱,再加上家庭环境差,所以他孤独、自卑、无心向学。从这件事过后,我对他的学习和生活倍加关心,他的学习成绩也逐步提高起来。

通过这件事,我深深地体会到,作为教师,一定要充满爱心,热爱学生,要给学生无微不至的关怀。有时候,老师一句贴心的话,一个亲切的举动,就可以打动学生的心。特别是现在单亲家庭越来越多,缺少父母爱的孩子不少,如果教师能用无私的爱去滋润这些得不到爱的幼小心灵,让每个孩子都感受到爱的温暖,那么这些孩子就能健康地成长,这些孩子才有强烈的学习热情和积极的人生态度。像谢伟庭这样的学生,家庭条件艰苦,又得不到父爱,他怎么有心思去学习呢?作为教师,对所教的每一名学生要有较深入的了解,对其家庭情况也要略有所知,这样对学生的教育才能有的放矢,做到"对症下药,手到病除"。

老师付出的爱,相信学生会感受到的,当你爱他时,他不只是感激,同时也会爱你。不是吗?

去年三月,我左膝盖周围的韧带不小心受伤了,走路时一瘸一拐的。特别是上下楼梯,非常困难。有一次,我从教学楼的三楼走楼梯上四楼,突然,学生蔡小鹏扶着我的胳膊,说:"老师,我扶你上去。""你真懂事,谢谢你!"他一直把我扶到四楼,简直就像我的儿子一样。那一刻,我的心是多么温暖啊。回到办公室,我很激动地把这件事告诉同事。那几天,每当我要去班里上课时,他总是先到我的办公室帮我拿教材和教具。下课后,他又主动把教材和教具拿回我的办公室。那段时间,他几乎每天都要问一下我:"老师,膝盖好点了吗?"多暖心啊!那段时间,也有不少同学对我表达亲切的问候。

老师对学生的教育和爱并不图学生回报,老师的付出是理所当然的。但是,人非草木,学生是懂得感恩的。你为学生付出多少,你为学生做了多少,学生看在眼里记在心里。你对学生的爱有多少,学生是会感受得到的。每当教师节时,学生送的一张张卡片和一束束鲜花;每当老师嗓子沙哑时,学生送的一盒盒润喉片;每当老师生病时,学生的一声声亲切的问候,不都在表达着学生一颗颗感恩的心吗?

教师对学生的爱是无私的,学生对老师的爱是真诚的。师生情是纯真的,师生情是芬芳的。

(黄应慧)

走进彼此的心灵

"孩子们，你们在座的每一个都是全世界、全宇宙中最独特的存在，你们都是那个 only one!"这句话是我经常对班里的孩子们说的。看着那一张张洋溢着欢乐、充满稚气的脸，似懂非懂的、不住地冲着我点头、微笑，那时的我心里满溢了芬芳和幸福！

一

班里有一个"怪"孩子，是个叫"小康"的帅气男孩，帅气的小脸上常常带着不知哪里蹭回来的小花脸，身上时常散发出异味，脚上穿的是双不太合脚的旧鞋。他很机灵，课堂上每次老师提问，他都能准确回答。但，令人想不通的是他经常不完成作业，所以学习成绩总在中下徘徊。每次批评他不写作业时，他总低头不语，我拿他没办法。一次偶然的机会，我发现了一切问题的答案。下班回家的路上，不经意走进了校门后面的小巷子里，路过巷口的垃圾房时我用手掩住了鼻子，一抬头却发现小康家——住在垃圾房旁边。我探头一看，屋里黑黢黢的，没点灯。一个孩子正佝偻在小板凳上写作业，坐在门口的妈妈正叫卖那摆了一地的咸菜。看到这一幕我心里五味杂陈、思绪万千，这样一个天性聪慧的孩子，难道要因为家庭的原因而放弃读书考学之路吗？难道就这么看着小小的他，一点儿、一点儿在困境里陷下去，不闻不问吗？有什么是我能为他做的吗？小康毕竟还只是个八岁的孩子啊！如果能为他提供一个更好的写作业环境，说不定他的作业就可以按时完成了；如果在学习上多关心敦促他，说不定他能变得勤奋些；如果让他感受到温暖，说不定会给他的未来带来转机呢！

第二天放学后，我把小康叫到身边，告诉他：特别批准他放学后可以在教室里完成作业再回家，如果有难题就来问老师。我还和他说，"孩子，你很聪明，只要你肯努力就一定能成为一名优秀的学生，长大以后选择自己人生的道路，不要被眼前的困难遮挡住眼睛，好好学习，你一定可以成为最独特、最美好的自己。"孩子竟然听懂了我的话，小康的眼圈红了，但他倔强地紧咬着嘴唇，不让泪水落下来，用力地点了点头。从那以后，小康真的很努力，各科成绩都提高了不少，连眼神中都充满了自信。

看到小康这些喜人的变化，我内心十分感慨，教师这份职业真的是吐露芬芳自带光芒，一颦一笑、一言一语、一举一动都能给孩子们带来那么大的影响。其实孩子们真的很在乎，在乎老师对他们的嘘寒问暖，在乎老师对他们的鼓励与批评，在乎老师为他们所做的一切。他们感受得到老师的用心良苦，用爱浇灌，是老师们的默默付出成就了孩子们的独特，成就了自己的美好。

二

聪慧的阿泽是老师的"宠儿"，不但品学兼优，还德智体美劳全面发展。运动会上身手矫健、跳得高、跑得快，在班里人缘也好得很，尤其是家长妈妈们都喜欢他。可是老天偏偏跟他开了个天大的玩笑——他患有非常严重的肾病。医生告诫他："不能剧烈运动，不能……"可天性活泼好动的他却因为不能打篮球而伤心，为不能跟同学们一起奔跑而痛哭，为不能参加运动会为班级争光而难过。他对我说："老师，我只参加跳高这一项比赛，不累的！

求你让我去，我想跟同学们一起参加运动会。"我犹豫了，但看着他那渴求的眼神，我心软了，点头应允了他的请求。那当下他竟开心地跳了起来！当看到他在跳高场地上高高跃起的那一刹那，我感受到了阿泽的满足和幸福；当金光闪闪的奖牌挂在他的胸前时，我感受到了生命的美好！真希望，这自信满足的笑容永远停留在阿泽的脸上。

阿泽的病情每况愈下，他瘦小的身体终经不住病魔的摧残，病重入院。同学们、老师们、家长们纷纷伸出温暖的手帮助他。刚动过大手术的他，睁开眼第一句话就是想回学校，看看同学们。可能是他那强烈的求生欲望，蒲草般的生命力打动了上苍，他奇迹般康复了，又回到了学校，又可以跟小伙伴们一起度过欢乐的时光了。

久病初愈的他，因身体上的原因有许多事不能做，有许多东西不能吃，他对妈妈大发雷霆："这样活着有什么意思，还不如让我死了！"那是一个阳光和煦的中午，我把阿泽拉到我身边，抚摸着他的头笑着说："阿泽，你今天能站在姜老师身边，这是个奇迹，是你创造了这个生命的奇迹。这个奇迹里包含了父母对你的爱，老师对你的爱，同学们对你的爱，叔叔阿姨们对你的爱。你要坚强，不能放弃，你要相信明天一定会更好的。你是个意志坚强的孩子，老师相信你！"阿泽呶了呶嘴，最终还是没忍住，眼泪默默地流淌在他那苍白的脸颊上。我知道，此刻孩子最需要的就是那简单的、温暖着他的话，鼓励他继续前进的话。我能做的不多，唯希望能成为一缕芬芳，成为孩子迷失方向时能闻到的那一缕芬芳，引导着孩子们前进，朝着希望努力。

孩子们的心是容易走近的，只要我们多花点功夫，注意积累、重视交流、用心呵护，完全可以将心理健康教育与学校日常的教育教学活动融合在一起，孩子那扇紧闭的心灵之门就会向你开启；孩子们的心灵是脆弱的，需要我们在两者的心灵之间架起一座"沟通"的彩桥，这样，我们才能走进彼此的心灵，才会有助于孩子的健康成长，同时会对学校日常的教育教学活动带来巨大的促进。教书育人是个功夫活，需要爱心、耐心和信心，我将继续默默耕耘，静待花开，用教育的芬芳成就孩子们美好的明天。

（姜玥宏）

那一抹馥郁的芬芳

早读时间，每周都有一天分配给了数学。我算是一个时间观念较强的人，每到这一天，我都会稍稍提前进入教室，引领学生开启"数学早8点"，或诵读数学概念、定律、规律，或给他们剖析疑难问题。

有时班上正书声琅琅，门被推开，迟到的孩子一声"报告"，流畅的早读便被打断，如此再来两三次，仅仅20分钟的早读便会被肢解得七零八乱。对迟到现象我很恼火，对这些同学的批评也不留情，并将名单在家长群里通报，还附带上一句对相关家长的抱怨。以至于后来每逢数学早读，孩子们都不敢迟到，偶有个别晚到者，战战兢兢，迟迟不敢进教室而徘徊在走廊端头，或是躲避在厕所里。若是瞥见我正面向黑板写字，他们便会猫着腰，神速般地、悄无声响地从后门回到座位；倘若我正在另一班巡视，迟到者则会长嘘一口气，避开我的视线而走进自己的教室。

一天早上，我在草埔地铁站刚下3号线（龙岗线），碰到小聪子也正出站。我和他一同向学校走去，边走边聊。我好生奇怪他怎么没住在学校附近而坐地铁，他告诉我，家在龙岗那边，每天一早都要从双龙站坐地铁过来，中午就在午托班就餐、休息。我知道双龙站是地铁3号线最北的一个站，而我则是从3号线最南的益田站坐过来的。地铁从益田到草埔需要运行32分钟，我正想知道3号线全程运行需要多长时间，便问小聪子从双龙坐到草埔要多久，他说要坐50分钟，这多多少少有点出乎我的意料，心里感叹孩子上学也太不容易了。随后我了解到，下午放学后，小聪子也是坐地铁回家。

不知不觉，10 分钟过去了，进校门后，我朝食堂走去，小聪子一边走向教室，一边和我挥别，并留下一句："老师，我出双龙站后，还要转公交，再坐 40 分钟才到家。"

这太出乎我的意料了！

自路遇小聪子后，我对迟到同学的态度就有了明显改变。迟到，当然不是一个好习惯，但迟到与上课捣乱、欺负同学、打架斗殴等违纪行为还是有本质的区别。我不记得小聪子有没有迟到过，也不记得我有没有因为小聪子迟到而批评过他。今后，若有类似小聪子这类有着特殊原因的迟到者，我肯定会摒弃严苛而善待他们，多点理解，多点关怀，使他们进步在芬芳馥郁的校园里，学会在老师的善待和宽容中自律。

芳草散发芬芳，离不开园丁的辛勤耕耘，没有园丁，杂草丛生的花园怎会有芬芳？教育的发展离不开教师，没有教师芬芳的胸怀，又哪来学校的芬芳教育？

然而，一段时间来，在社会一小撮居心不良者不断抹黑和个别无良媒体推波助澜的作用下，教师成了憋屈的人，教育行当逐渐演变成高风险职业。

老师严格教育学生，原本天经地义，原本有益于孩子的成长，但不知从什么时候起，严格，却意味着风险，有可能带来麻烦，假若引起摩擦，发生意外，那时，基本上就没有老师的话语权了。严格管教学生，有可能给老师自己带来麻烦和风险，憋屈；与家长联系、交往，有可能被个别不良德行的家长设局陷害，寒心。更为憋屈和寒心的，是来自有关部门对相关老师的处理结果⋯⋯

郁闷憋屈的老师，怎能教出阳光活泼的孩子？弓腰曲背的老师，又怎能培养出昂首挺胸的学生？

表扬和奖励像温暖的春风能吹得万物复苏，百花齐放，而批评和惩戒则似凛冽的寒风能冻死害虫，结出累累硕果。教育不能仅有表扬和奖励，还要有批评，乃至惩戒，这才是完整而健康的教育。应把"戒尺"还给老师！如果把老师挤兑得一点尊严都没有，逼迫老师开启自我保护模式，那又谈何传道解惑？最终受害的又会是谁呢？

好在这种景况已经引起有关部门和相关人士的关注和思索了。在不久前的一次教育工作会议上，深圳市教育局局长就呼吁全社会尊师重教，在40分钟的讲话里，20次提到"善待教师"。

善待，并不是无原则的迁就，更不是无底线的纵容。善待于教育，是一棵树摩挲另一棵树，是一朵云推动另一朵云，是一颗善心浸染另一颗善心，是一个希望催生另一个希望。善待，可以让老师更具有激情，可以使孩子能走得更远；善待，可以让生命活得滋润和有尊严，可以使他人倍觉温馨和温暖。社会善待教师，老师善待学生。善待，是一抹馥郁的芬芳。

（姚碧文）

第五章
没有一棵小草会错过温暖的春天

世间一切，都是遇见，遇见，是一切美好的开始。就像冷遇见暖，就有了雨；春遇到冬，有了岁月。教育，也是一场遇见。就像没有一棵小草会错过温暖的春天一样，没有一个孩子不喜欢芬芳的教育。芬芳的教育，是一种润物无声的渐染，不是疾风暴雨的荡涤；是一种春风化雨的感化，不是厉风严霜的摧残；是一种顺其自然的发展，不是千人一面的雕琢。

师生相遇,彼此关照,相互温暖,感受美好。教育,只有让受教育者和教育者都遇见更好的自己时,才会呈现出它美丽的一面。

老师要真正走进学生的内心世界,倾听他们内心的回声,要及时沟通、引导学生,把学生的思想引入阳光快车道,让他们享受奔驰的激情;要付出实际行动,倾听一颗颗心脏跳跃的音符,看到一张张灿烂可爱的笑脸,真正让他们快乐而健康地成长,不让任何一个学生掉队,这才是学校教育的希望。

温暖的教育是有温度的教育,是点燃教师理想与激情的教育,是唤醒孩子梦想与创造的教育,是让教育生活充满诗情画意的教育,是让教育符合人性并充满人性的教育,是给孩子和教师自己留下温馨记忆的教育。

"十年树木,百年树人",踏上三尺讲台,也就意味着踏上了艰巨而漫长的育人之旅。教育就是一棵树摇动另一棵树;一朵云推动另一朵云;一个灵魂唤醒另一个灵魂。那么,如何在教育的国度,遇见一场温暖的春天?

教育是理解,学生需要理解。鲁迅先生说:对孩子的教育"开宗第一,便是理解"。理解需要换位思考。教师要站在学生的立场,用心去倾听学生的心声,设身处地为学生的成长着想。理解了,生命与生命之间才会产生积极的相互影响。

教育是尊重,学生需要尊重。学生是有情感、有个性、有独立人格的完整生命体。尊重学生的人格、天性、成长规律,按照学生认知发展规律教学就是尊重!尊重的前提是读懂与理解学生的内心。

教育是激励,学生需要激励。冰心说:"世界上没有一朵鲜花不美丽，没有一个孩子不可爱。因为每一个孩子都有一个丰富美好的内心世界，这就是孩子的潜力。"学生是发展中的人，既有潜力，又不成熟。开发其潜能，包容其不成熟，都需要激励。教师要善于激发学生的学习兴趣和求知欲望，鼓励创造，给予其发展的机会。

教育是呵护，学生需要呵护。教师要小心翼翼地保护好学生的自尊心、自信心。尤其要关注有困难的学生，让每名学生都能看到前行的亮光。苏霍姆林斯基说："把学习上取得成功的欢乐带给儿童，在儿童心里激起自豪和自尊，这是教育的第一信条。"只有这样学生才能有幸福的感受，这是教育成败的关键。

教育是等待，学生需要等待。"三分教育，七分等待"，特别是面对特殊的孩子，如果太过急功近利，我们离教育的本质和目标就会越来越远；让我们放慢匆匆的脚步，"等一下孩子的慢，让孩子寻找到一个属于自己的成长高度"。这是教育应有的节奏。怀揣教育理想，修炼一份温文尔雅的性情，养成一种坦然平和的心态去等待，等待智慧的萌发，等待心灵的转向，等待生命的成长。

用温暖的心，做温暖的教育，让我们用爱呵护纯真，用智慧孕育成长，永恒真诚开启心灵，用希冀放飞梦想；让学生因与我们相遇而幸福，一起遇见最好的彼此，遇见温暖的春天。

（郑思勋）

邂逅美好的生命之旅

有一个叫小伦的学生，品学兼优，一次单元测试成绩有所下降，他主动找我，表现出很害怕的样子，然后说："陈老师，怎么办呀？我完了，这次没有考好，我老爸又要打骂我了。"我得知此事后，一方面帮助他分析学习成绩下降的原因，告诉他不要因为一次失利而气馁，并通过谈话，让他正确认识家长的做法，学会换位思考，明白家长的良苦用心；另一方面及时与家长沟通，交流孩子在校表现和学习态度，建议家长正确看待孩子的学习成绩，要多鼓励，少指责，不打骂。第二天，小伦同学很愉快地跑到办公室对我说："老师，这次我老爸竟没有骂我，更没有打我，谢谢陈老师的鼓励和帮助，我会加倍努力的！"

一名平时成绩优秀的学生，因为偶尔考试不理想害怕爸爸打骂，寻求老师的帮助。作为老师，我不但没有责备他，反而帮助他解决了内心的焦虑和不安，还增加了他更加勤奋学习的动力。每次想起这件事情，我都有一种莫名的成就感。这种感觉来源于小伦同学对我的信任和喜欢，来源于我和学生那份亦师亦友的平等关系。

正所谓：亲其师，信其道，乐其学。在教学过程中，如果想让学生亲近老师，信任老师，喜欢上老师的课，那就要让学生接受老师，不是带畏惧感的接受，而是心悦诚服地认可接受，从而形成和谐的师生关系。师者，不但要传道授业解惑，还要做学生的良师益友。如何才能与学生结为良师益友，形成和谐的师生关系呢？

我觉得首先教师要发自内心关爱学生、尊重学生、信任学生,在班级营造平等、民主氛围。当学生感受到教师的关爱、尊重、信任后才愿意打开自己的心扉,向教师倾诉心灵世界。其实,当小伦同学能够主动把自己的喜、怒、哀、乐告诉我的时候,我已深深地感受到我和小伦同学已经走进了彼此的内心世界,温暖彼此的心灵,互相信任。而这种信任恰恰是建立在我与他之间平等、关爱、尊重的基础上,这或许是我用爱的力量走进学生内心的过程。

有一天,上课铃响了,我走进教室,吵闹声、敲打声传入我的耳朵,学生看见我走进教室,大都安静了下来,唯独小黄同学坐在教室后面地板上,不肯回到自己的位置上,我看了一眼他的座位,椅子不见了,被搬到讲台旁,我叫他自己把椅子搬回去,他就是不理睬。小黄是班上出了名的性格倔强的学生,我深知如果稍微处理不好,他很有可能跟我对着干,一节课时间就要白白浪费。我想了一下,决定采取柔和的策略。我先让其他同学以小组讨论的方式,交流订正上节课的作业错题,转移了班级同学的注意力。然后,拿着他的那张椅子悄悄地走到他的身边,用手抚摸了一下他的头,轻轻地说:"有什么事,下课再跟老师说,先坐到自己的位置上,行不行?"这时候,他没有任何的反抗,安静地回到了自己位置上坐下,小黄的倔强脾气和对抗意识在我和风细雨下缓和了,本节课的教学几乎没有因此受到影响。下课铃响了,我把他领到办公室,通过一番引导,好不容易才知道事情的前因后果,认真地倾听了他的"心声"。然后乘机与他交换角色,引导他换位思考,体会如果他作为老师看到不愉快情景后内心的想法和心情,让他认识到自己错在哪里,后来他羞愧地向我道歉了,并且表示无论发生什么不愉快的事,再也不影响老师上课了。

假如我是以强压的手段对待小黄同学,只会引发一场冲突,他很有可能在教室里大吵大闹,不但会影响一节课教学,而且会导致师生关系的恶化。我细细思考,其实,学生当中存在一部分"小黄"同学,如果老师跟他扛硬的,强势打压,则他的犟脾气也会越来越牛;如果老师关爱和尊重他,给他保留自尊心,给彼此留点回旋的余地,消除他的对抗情绪,则会帮助他自我觉醒、自我认识,而且对于营造平等和谐的师生关系起到催化剂的效果。在教育过程中,教师千万不能将威信建立在学生无条件地服从自己的基础上,而要学会以关爱的、尊重的、灵活的方式对待学生,只有这样,师生之间才能建立起亦师亦友的良好关系。

教育是一场邂逅美好的生命之旅,信任、尊重、平等、关爱是教育成功的关键要素,彰显的是一种情怀、一种文化以及一种境界,它们是春风、阳光、雨露,滋润教育的芳草地,让师生关系亲密无间,和谐融洽,桃李芬芳。

(陈东坚)

表扬用喇叭 批评用电话

每个班都会有那么几个在学习、思想、行为等方面存在一定偏差的学生，他们就像一朵朵迟开的花朵，老师总是耐心地浇灌，期望其盛开。但这些学生总是因为这样那样的原因，坏习惯根深蒂固地伴随着他。

每当学生犯错了，老师总是耐心教导，循循善诱，可这些孩子依旧不变。老师在无奈之下往往会和家长联系，希望能取得家长的配合。与学生家长联系时家长总会问那么一句："老师，这孩子在校是不是不听话？在家里我们没办法了……"又或是说："孩子又犯错误了？现在我在外面，回家我狠狠收拾他……"个别家长事后会打电话回来向老师讲："老师，刚才回到家我抬腿先给了他一脚……"这一通叙述常常让我无言以对。不难看出，有些家长对待自己孩子的方法，要么痛打一顿，要么置之不理。结果，孩子是什么样还是什么样，收不到什么效果。

我们该何去何从呢？怎么做才能让这些学生愿意改变呢？在一次偶然事件中让我找到了一扇窗。

我班有个学生——方方，人可不像他的名字，一点也不方正。他课上不专心，课后作业不完成，就爱干点违反纪律的事情：课间追逐打架啦，故意把同学的书本、作业本藏起来啦，故意在同学的书上、衣服上画个小动物啦……甚至在校外还会欺负低年级的孩子，我经常接到学生和家长的投诉。这不，前几天有个低年级的学生家长追到班级门口来要找方方算账，原因是方方在上学路上欺负低年级的孩子,还把那孩子推下了阶梯。这下,可是把对方家长惹怒了,才追到学校来投诉。作为班主任我只能耐着性子和方方讲道理,效果却不佳,照样我行我素。告之家长,在当天能收到一点效果,可是好景不长,没几天又恢复原样,再和家长沟通,家长直接扔回一通话:"老师,我也没办法了,打也打了,骂也骂了,老师,再这样你留堂,实在不听话,你打他,我支持老师。"而这孩子更是从中得到取胜的心得,变得越来越调皮,成了人们口中的"滚刀肉"。哎!真让我心力憔悴。

下课铃声刚响,远远地看到班长领着方方又往办公室来了,心想:"完了,我的好心情要结束了……"果然,"老师,他上课时在画画,还拿给同学们看……你看!他把我画成什么样子,同学们都在笑我……"班长眼里含着泪水。我接过班长手上的那张纸,"哎哟!呵呵呵……"我不由地惊呼一声并笑了起来。原来,这是一幅以班长为主题的漫画,方方抓住班长平时管理班级时的情形画得惟妙惟肖,只是也太夸张了些,甚至是过分地丑化了班长的形象。难怪班长委屈,班长看我也笑了,更难过了,再也忍不住,眼泪啪啪直掉。而旁边的方方,不但没觉得自己有错,还一脸得意的样子,似乎在说"看你下次还敢管我不"。看着这混小子心想:"这小子画功不错,能否借这个机会改变他呢?"

这时上课铃声响了,正好是我的课。当我们三人的身影出现在班级门口时,班里静悄悄的,同学们端坐着,但从他们的眼里我看到了一副等着看好戏的神情。哎!我不禁叹了口气,让方方站在我的身旁,拿出这幅漫画,让同学们先说说自己的看法。同学们纷纷表达对方方的谴责,有认为他不该在课堂上不认真听课还影响大家学习,也有同学肯定班长对班级的付出,斥责方方用漫画攻击班长,等等。听着同学们的高见,我不禁赞叹我们班孩子的口才与正义感。可是,看看站在我身边的这位,一副无所谓的神情,甚至,还和那几个捣蛋鬼进行眼神交流,流露出一丝丝的得意,似乎在说:"看老师能把我怎么着。"我知道要是当着同学们的面批评他一顿肯定收不到什么效果,反而会助长他的邪气。我淡淡地对他说:"方方,现在请你介绍介绍这幅画吧。"方方以为我批他的节奏开始了,一句话也不说,同学们也看着我,似乎在等待我又会说着以往说过的话。我顿了顿,认真地说:"这是漫画吧,方方,老实说,我还是很欣赏这画的,你看,这班长多形象啊……""哈哈哈……"同学们再也忍不住了,笑声也越来越大。

"真的很像。""我也是一眼就看出来了。""方方还挺牛的。"……方方听着同学们的议论,脸上也憋着笑,我估计他是怕笑了会得到我更严厉的批评吧。我走近他,拍拍他的肩膀说:"老师真的不知道你的画能画得这么好,今天知道了,我想请你帮老师个忙,你看,我们班的板报总是欠点水平,在评比中总是比别班的分数低,你能和负责板报的同学一起把旗拿回来吗?下期的板报由你主编。"

得知他的美术功底不错,我抓住这个机会,提出让他担当班级黑板报的主编。虽然负责板报的同学不愿意他的加入,理由也就是他总是会捣乱。为了不影响同学们的积极性,我提出使用一期的建议,并拍拍他的肩膀说:"你能用行动证明你的水平的,对吗?你可别让我在同学面前丢脸了。同时,老师也希望你能想想,今天这事你有错吗?相信你知道该怎么做,今后如果可以的话你也可以教同学们画漫画的。回你的座位去吧。我们要上课了。"这节课,他没再像往常一样惹是生非,而是静静地坐着,若有所思。后来听班长说方方主动道歉了,对漫画有兴趣的几个同学也成了他的粉丝。

在他的带领下,班级的板报水平提高很大,在评比中获得好成绩。我借这个机会在班上表扬了他,并希望他能教教同学们画漫画的技巧。当着他的面向他的父母报喜,并提出如果在学习上也能这样出色,做个懂事的孩子就更好了。这下可真奏效,他上课认真了,课间能与同学和睦相处了。总之,该生一有进步,我就设法给他"报喜",在班级通报表扬,使他感到老师时刻在关注他,希望他进步。这样他就增强了自信心和自觉性,从而获得了更大的进步。

借此案例，我找到了治理捣蛋鬼的办法，那就是大声地表扬他的优点，悄悄地和他说不足点。班级里的其他几个调皮鬼，我都用同样的方法——"制服"了。并且把他们几个编成一个学习小组，只要他们谁有了进步我就大声表扬谁，并悄悄地告诉他个人：假如你在哪方面改过来或做得更好，你就能超越他们几个了……他们几个形成了你追我赶，谁也不肯认输的学习氛围。一个学期下来，不但他们几个有了较大的进步，这种竞争风气也感染了全班同学。

几次成功给我的启示是：教育学生时谈"优"有时比谈"差"更管用。在众多人面前表扬，帮学生挣回面子，树立自信。而对于学生的错误，通常都是单独地和他悄悄谈，给学生留够面子。这种"表扬"用喇叭"批评"用电话的形式同样适用在其他孩子中，让孩子们挣足了自信，鼓起了勇气，最终成为战胜自己的胜利者，让生命之花绽放，拥有芬芳美丽的人生。

（黎紫苑）

浇灌儿童的心灵

新学期开始了,我接到通知要新接手二(5)班这个班集体。其实在接手前我早有耳闻,这个班的孩子常规很糟糕,孩子们在一年级的时候没有养成良好的习惯,让我接手这个班,我觉得很无奈。在管理他们的日常学习生活过程中,我看到他们的各种缺点与不足:他们娇生惯养,顽皮好动,对学习没有热情,实在让我有些接受不了。正因如此,我感觉我每天都要因为他们在纪律、卫生、学习方面表现不好而批评他们。当然,不是我不想表扬他们,只是他们总是消停不下来。那时的我觉得要管理好这个班级真的不容易,好累!

然而,当我熬过了第一个星期时,我发现原来孩子们并没有我想象中那么糟糕,他们可爱、爱劳动、爱帮老师做事,甚至他们也可以上课端正认真地听课。这一切一切是因为他们渴望得到我的表扬和赞许。

我慢慢发现,表扬是认同别人的一种重要方法,而我作为班主任,我的表扬与赞赏就是对学生最好的评价。在班主任适当的表扬中,学生会不知不觉地规范自身的行为,逐步形成自控能力,从而促进各方面素质的提高。

记得我在班会课上表扬了所有值日生之后,每天下午放学后,当我走进教室时,负责值日的小朋友再也不用去催促他们扫地、拖地、摆桌子等,他们自己已经养成了这种良好的习惯,并且这些在家从不干家务的孩子可以把地扫得一干二净,他们会主动将窗玻璃擦得一尘不染。

看到这一切一切，我开始思考，我发现不能经常在全班同学面前点名批评孩子。因为经常被老师在班里点名批评的学生很少会变成一个好学生。孩子一旦在很多同学面前丢了面子，他就觉得自己在同学中已经失去了威信，会觉得什么都无所谓。慢慢地，他们会觉得犯错也好，挨批评也罢，都无所谓。从而慢慢地增加老师教育的难度，对学生、对班级、对老师都没好处。比如说我们班的陈同学，他的年龄比较大，但是他的行为习惯不好，上课爱讲小话，下课爱跑爱闹，总是被老师点名批评。但是我知道他是一个十分爱面子的小朋友，他一旦受到了老师当着全班的面批评，就总是一副不服气的样子，并且老师越是批评他，越是糟糕，他越是会跟你作对。后来，我发现他渴望得到老师的表扬，渴望老师的鼓励。于是，我开始偷偷地观察他，发现他的闪光点，原来他很爱表现自己，上课总是能够大胆举手回答问题，因此我在班上郑重地表扬了他一番。为了培养他，我把劳动委员的职位给他担任，要求他每天检查教室的卫生。从这件事情上我发现他做事很认真，他检查卫生的时候总是蹲下来，仔细检查地板，一旦发现有垃圾，他总是弯着腰将垃圾一点点地捡起来。这一切我看在眼里，甜在心里，我对他说："孩子，你会更棒的！"他听到了我对他的肯定，心里美滋滋的，做起事情来也更加带劲了！

还有一次语文老师悄悄地告诉我，我们班的范同学用"终于"来造句，他是这样写的："我终于得到林老师的表扬了！"那一刻，我震撼了，可见我对他们太吝啬了，孩子们成长的心灵需要我用"表扬"的雨露去浇灌。

也许他们会犯错，也许他们会惹你生气，也许他们吵吵闹闹让你心烦，也许他们上课不认真，但是，只要他们有值得肯定的地方，请不要吝啬你的表扬和赞许吧！因为老师的表扬和鼓励是学生学习和成长的动力！愿每个孩子都能在"表扬"的雨露中滋润成长！

（林雪娜）

称赞是一种力量

陶行知先生说："人像树木一样，要使他们尽量长上去，不能勉强都长得一样高，应当是：立脚点上求平等，于出头处谋自由。"正所谓"你的皮鞭下有瓦特，你的冷眼中有牛顿，你的讥笑中有爱迪生"。老师习以为常的行为，对学生终身的发展也许会产生不可估量的影响。下面笔者讲两个自己教学生涯中的小故事。

记得有一次在教学一篇课外阅读《冰花》时，我让学生观察文中的插图，并提问：玻璃上的冰花像什么？同学们说像小草、像白云、像树叶。突然一个平时不爱回答问题的学生站起来怯怯地说："像棉花糖。"许多同学听后都哈哈大笑。这时我既没生气也没笑，而是和颜悦色地问他："你为什么认为冰花像棉花糖呢？"这名同学娓娓道来："冰花是白色的，棉花糖也是白色的；冰花看起来软绵绵的，棉花糖也是软绵绵的。"我听完之后问学生："大家觉得像吗？"大家都说像。我趁机大赞这个孩子的想法富有创意，并带头为他鼓掌。这时我看到，这个平时不爱回答问题的孩子，眼睛里写满了喜悦，脸上增添了几分自信，得意洋洋地坐回了座位。课后，我在写教学反思时，思考：如果那时候，我只是简单地呵斥其他同学，没有让其他同学对这个孩子的回答"心服口服"的话，也许在同学们的笑声中，他不会用心回答问题，不会有自信，从此不再参与课堂。而其他学生也不会因此发现这个平时看起来不怎么起眼的小不点身上也会有像太阳一样强大的闪光点，从而给予肯定，刮目相看，并潜移默化地明白——尺有所短，寸有所长，取长补短,相得益彰这个道理了。

还有一个叫琪琪的小女孩,给我留下的印象也十分深刻。她不爱讲话,性格内向,对学习兴趣也不高,注意力时常不集中,在家吃饭还经常要妈妈喂。我看在眼里,急在心上。一次课上,她读的句子很优美,我赶紧顺势表扬:"你读得真棒!听你的朗读真是一种享受!"并奖给她三枚印章贴纸。这时,孩子的脸上喜形于色,想欢呼雀跃又忍住了没有出声,但身体像只快乐的小鸟似得飞回了自己的座位。此后,我发现她在课堂上眼睛有神了,坐姿端正了,书写也工整了。她妈妈反馈孩子懂事了,独立能力比以前强了。看到琪琪一天天的进步,我的心里感到无比的欣慰。看,这正是我的鼓励在不经意间被孩子无限地放大,让她有了向上生长,芬芳绽放的力量。

一位教育专家说过:如果孩子生活在赞赏中,他便学会自信;如果孩子生活在批评中,他便学会谴责;如果孩子生活在敌视中,他便学会好斗;如果孩子生活在恐惧中,他便学会忧心忡忡;如果孩子生活在安全中,他便学会相信自己周围的人;如果孩子生活在受欢迎的环境中,他便学会钟爱别人;如果孩子生活在互相帮忙中,他便学会关心他人;如果孩子生活在亲情、友谊中,他便会觉得他生活在一个完美的世界。每个学生的心中都有一个用心、乐观、进取、勤奋、坚强勇敢、好学、豁达、善良、聪明的自我。教师适时的语言"保护",及时恰当的鼓励不但能彰显教育的非凡魅力,还极有可能会发挥神奇的作用!

学校是芬芳美好的地方,每一个孩子都是芬芳的小草,没有一棵小草会错过温暖的春天,因材施教,用发展的眼光看待每一名孩子,让生命散发出春草般的芬芳。

(卢钰燕)

迟开的花儿

迟开的花朵，终究会开，虽然花期比其他的花儿更长，但是花儿终究会开的，我相信。从教以来，我作为一个园丁，浇灌过的花朵可以用千为单位来计算，有的花儿开得早，开得好，需要的是多浇水、勤施肥、快除草，而偏偏就会有一些花儿，或只冒出了小小的花蕾，或一直没有动静，不肯绽放，需要我们给予这些花儿更多的勇气、鼓励与芬芳教育。我在工作中，确确实实遇到了不少可爱的却迟迟不开花的孩子们。我和他们的故事，不能说可歌可泣，但却是真真实实，爱着，有时也恨，恨铁不成钢。就这样，在每天平淡的教学日子里，平添了许多涟漪。

小 A 现在看到我，会张开双手要拥抱我，她的嘴里只能吐出几个字："抱，抱!"今年我换了个年级，小 A 算是我的前任学生了，在一年级第一次见到她的时候，她还不太会说话，她的爸爸告诉我们，孩子出生的时候产道窒息，能活下来已经是万幸了，现在孩子是弱智，没有办法，我们只好接受这个事实，尽力教孩子一些生活技能，健康平安地成长就好。小 A 的爸妈还生了二宝，二宝是个正常的孩子，他们说以后二宝可以照顾姐姐小 A，他们就感到特别安慰了。刚开始上课，小 A 很怕陌生人，她喜欢把所有的书摊在桌子上，拿着彩色笔一通乱画，还试过把绿色的彩笔放嘴巴里面，最后弄得满嘴都是颜色，我们老师稍稍批评她，她也很害怕，也不肯听劝，拿她没办法。庆幸的是，她学会了自己上洗手间，只要提醒她记得下课去厕所，她还是能自理的。但是也有例外的时候,她曾经尿过裤子。和她慢慢熟悉了后,知道了她的脾气,我教她用简单的词语表达,但是她基本不能说出连续的完整的句子,只能说只字片语,然后老师靠猜去理解她要表达的意思。有一次还闹了个笑话,她在二年级刚开学的时候,来到办公室哭着找老师,嘴里一直说着:"打我,打我。"我问她:"谁打你了呀?"她也说不清楚,我只好说:"好吧,你别哭,先回去,我下午再查查是哪个同学。"过一会儿,她的妈妈打电话过来,说孩子回到家了,但是明明还有一节课没上完呀,还没到放学时间,她怎么就回家了?我们几个老师讨论了一下,可能是刚开学,她以为自己还是一年级的学生,按照一年级的课表,最后一节是提前放学的,她可能是听到老师说"你回去吧"这句话,以为是可以回家了。所以才搞了个乌龙。其实对待小 A 这样的花儿,我们要接纳她的现在,理解她的不容易,试着和她沟通相处。教她两年多以来,和她从不熟悉到熟悉,从不理解到理解。平时我会有意识地训练孩子尽量用完整的句子来表达自己的想法,鼓励她开口说话,跟她的家长加强沟通,建议家长带孩子去进行一些语言康复训练。经过了三年的相处,孩子已经有了很大的进步,例如能用简单的句子表达自己的需求,能自己背书包回家,走路也平衡多了,我们感到非常开心。面对这样的孩子,我们需要的是耐心和宽容,包容孩子出现的问题,尽量站在他们的角度去看问题。虽然现在已经没有教小 A 了,但是她已经把我看作她的亲人,会亲热地抱着我,挤出她能说的几句话和我交流,已经算取得很大的进步了。

和小 A 完全不同的小 B,他是个天才。一年级的小 B 已经可以画圆是圆,画方是方,画花像花,他握笔很有力,画的小人画全部都是有内容的连环画,而且他看一遍就能把整个故事背下来并且原封不动地画下来。小 B 是阿斯伯格症患者,他有时很难克制自己的情绪,很容易被激怒,不懂得和小朋友们交流,回避和我们眼神交流。刚刚入学的时候,他经常为了一块橡皮擦找不到了,哇哇大哭,必须要找到他自己的那块橡皮擦,谁借给他的都不行。经过和他家长的沟通,我也开始阅读一些关于这类儿童的书籍,心理方面的,营养学方面的,教育教学方面的,对阿斯伯格症有了更深的了解。一开始小 B 只对英语感兴趣,他在我的课堂上,还得到过 100 分的成绩,但是他对除了英语和美术以外的其他科目都不合作,都不肯动笔做试卷,让人很头痛。我们只好跟他软磨硬泡,"威逼利诱"。但是面对这样的孩子,要是他不愿意做的事情,我们很难让他去做。所以慢慢地,我也学会了"妥协",上课尽量拓展一些课外知识,这个时候他就会听得津津有味,对于课本上他也许已经掌握的内容,他通常是忽视,自己画自己的画,或者有时会自言自语沉浸在自己的世界里面。现在小 B 已经是四年级的孩子了,长得很高大。有一次体育课上,我看到他和班上的其他孩子玩得很开心,我竟然一阵莫名的感动,也许有的花儿真是迟点才开,但不会一直都不开,需要的是我们些许的耐心等待。

像小 A 和小 B 这样的花儿,在我的花园里面还真不少。小 C 在一年级一开学就嚎啕大哭,足足哭了一个小时,谁碰他都不可以,后来经过心理咨询才发现,原来他家里是做海鲜生意档的,家里人从小就教育他,不要和陌生人讲话,他刚入学,把我们全部人都看成陌生人了,所以他一直哭,很没有安全感。经过了快一个学期的相处,他现在也慢慢学会和我们交谈。小 D 在 2 岁时候发现有自闭症,一直在进行感统康复训练,现在他英语成绩在班上大多数的时候是名列前茅,虽然他有时候上课会大声自言自语,对于他的"噪音",只能对他多鼓励,或者进行适当干预治疗。小 E 的父母都是名牌大学的高材生,可是在出生时因为产道窒息,在 5 岁多才确诊自闭症谱系障碍,他会重复刻板行为,异常动作频繁,到了 7 岁多,还会尿裤子,他和小 A 一样只会重复简短的词语,基本不能与人交流。他非常回避与人眼神交流,他还会在上课时间经常走动影响别的孩子,对于这样的花儿,我心里非常心疼,这样的花儿,需要的不仅是养分,还需要社会更多的关爱和接纳。由于孩子是暂住户口,也没有办法办齐证件到特殊学校就读,所以现在孩子只能在普通班里随班就读,家庭压力很大。

作为科任老师，我能做的就是在学校尽量引导其他孩子包容关爱这名特殊儿童，包容理解就是万岁。平时我会着重训练这些孩子的自理能力，尤其是自己收拾书包，自己上厕所这些技能，跟班上的其他孩子做好教育，让大家一起用爱心帮助这些孩子更好地适应校园生活。经过一个学年的相处，孩子们都取得了很明显的进步，这是我们作为教师最欣喜的事情。

有人说，教师就像是辛勤工作的园丁，而在我的花园里面，这些迟开的花儿就像是寒冬里面的蜡梅，顽强地生存着，并且努力地绽放。于他们而言，虽谈不上茁壮成长，但如果给予足够的爱和包容，他们终究会绽放生命之花，或早或晚。正是因为我的教学路上遇到了这些特殊的花儿，鞭策着我一直坚持学习，阅读了很多关于自闭症和多动症儿童类的书籍，如《谷物大脑》《感谢不完美的自己》《食物过敏与食物不耐受》等，发现细胞营养学结合心理学可以更科学地帮助这些孩子调整状态。我一直在思考，自闭症、多动症这些都是大脑疾病，如果能在饮食方面做调整并配合感统治疗，取代药物治疗，这将会从根本上给这些特殊儿童最健康的"治疗"。我一直很欣赏女心理学家卡伦霍妮说的一句话："对爱的渴望在神经症病人身上如此常见……以至它可以被看作是标志焦虑存在和表示其大致强度的最可靠的指征。"这些迟开的花儿，所有的焦虑症状，其实都源于不安全感，需要老师对他们给予爱，付出很多很多的爱，芬芳而自然，这才是他们最好的养料。

（许欣娴）

让生命成为芬芳的诗句

　　记得曾经看过一篇文章说："学校啊,当我把我的孩子交给你,你保证给他怎样的教育? 今天清晨,我交给你一个欢欣、诚实又颖悟的小男孩。多年以后,你将还我一个怎样的青年?"这是一位母亲的内心呐喊。我也常常在思考这个问题,作为一名教育者,多年后,我将还一个怎样的青年给各位母亲。踏上三尺讲台的这几年来,我也真切地体会到了成为一名教师背后的不易和付出。我坚信,每一个孩子都是芬芳的小草,没有一棵小草会错过温暖的春天。

　　我在 2015 年步入三尺讲台。踏上讲台的第一天,我就留意到一个坐在教室角落的一个小男生。当我说"上课"的时候,我发现只有这名男生坐在自己的座位上一动不动。这时候,我提醒了那名学生。但是,班上的孩子跟我说:"老师,他是一名特殊学生。"这便是我第一次接触"特殊学生"这个术语。从那之后,为了更好地进行教育教学工作,我仔细地观察了这名学生,并尝试与孩子交流。从孩子妈妈的口中得知,这位孩子的信息:小 A 同学,男,11 岁,小学六年级学生。该生是一名自闭症、多动症、抽动症患者。他很少与其他孩子玩耍。

　　我上网找了关于自闭症的资料。自闭症是一种严重的精神发育障碍,其概念由美国约翰斯霍普金斯大学专家莱奥坎纳于 1943 年首次提出。症状一般在三岁以前就会表现出来,主要包括漠视情感、拒绝交流、语言发育迟缓、行为重复刻板以及活动和兴趣范围的显著局限性等。自闭症孩子大多都是因为感受不到关心和爱护,感受不到家庭的温暖和身边人的关心。孩子长时间被忽略变得更加不爱说话,会自觉地隐藏自己心中的想法,更加不愿意跟别人交流。

小A同学是一名中度自闭症患者,经过父母的陪读和行为规范评估,他现在仍然坚持上学。小A同学存在交流障碍,他拒绝与他人目光交流,不主动与人互动,总是沉浸在自己所做的事情中。有时候他甚至会自言自语,沉浸在自己的世界里。小A同学就像一颗天上的星星一样,在自己的世界里独自闪烁。

我坚信,让每一名学生芬芳绽放是我的使命。有一次,我在上课的时候,我让班上的孩子大声朗读课文。这时候,我发现小A同学大哭并且尖叫起来。他嘴巴里一直叨念着:"别吵!别讲话了!别吵!……"身体还不停地抽动。后来,我上网查资料,发现这是自闭症孩子的刻板行为。自闭症孩子的刻板行为是指孩子偏执于某种事情和状态,例如长期、过分地盯着风扇转,反复开门,反复拉抽屉等。若被强行改变,就会大哭和尖叫。另外,小A同学可能是受到声音的刺激,他感到十分不适,因此会用大叫的方式来表达自己的情感。还有一段时间,我发现小A同学总是在接近中午12点的时候,他就会问身边的同学,现在几点。每次时钟到达12点整的时候,他就会背着书包自己先回家。经过了解,小A妈妈说孩子每次放学都是自己回家,并且他是一定会往家里的方向走,不会去其他地方。这也是自闭症孩子的刻板行为表现之一。小A同学的刻板行为扰乱了课堂秩序。我自己也因此十分苦恼。我常常在思考。我该如何做才能在关爱和尊重小A同学的同时,并努力保证班上其他孩子的学习质量呢?我知道,小A同学渴望得到老师的关注和理解。他有时候不知道该如何与同学、老师相处,所以他会用他特殊的方式来与我们表示友好。有时候他用他的小手轻轻地碰一下我的手,并低头害羞地笑着跟我说:"老师好,老师你要去哪里?"我一句简单的回答,他就会高兴地手舞足蹈,并拍打着他的双手。

其实，小 A 同学内心有一颗芬芳和善良的心。他一直等待着理解他的人去帮助他，让他能像其他孩子一样努力绽放自我。于是，每当我看到小 A 同学有进步，我都会在班上用夸张的方式来大大地表扬他。我希望能通过这样的方式来帮助他逐渐建立自信。

我坚信，芬芳教育是阳光灿烂的教育，温暖向阳。有一次，小 A 同学问我："老师，我是不是傻子？我是不是不正常？"我安慰他说："小 A 同学，你不是傻子，你看你唱歌唱得特别好，书写也特别工整，并且你现在每天都在进步，老师们都为你感到骄傲！"我用鼓励的方法一步步帮助孩子建立自信和减少他的焦虑以及行为混乱。学校的心理老师会利用奖励红花的方法来帮助小 A 同学，并且纠正他不恰当的行为。有时候，小 A 同学上课时突然冲出教室。心理老师便给孩子立了规矩：假如在上课的时候，小 A 同学没有理由地跑出教室就要扣掉一颗小红花。如果他表现得好，上课都完成了老师布置的作业，就能拿到 3 颗红花。假如孩子一个星期能拿到 15 颗红花就可以和"小七"（学习机）玩半个小时。一段时间过后，我们发现小 A 同学再也没有在上课的时候随意进出教室。

其实，在小 A 同学身边还有很多这样的老师，用自己的爱，使教育温暖而芬芳。自闭症儿童渴望得到我们的了解、关注、尊重和接纳。我们应该加深对自闭症的认识；接纳和尊重自闭症人士，不要歧视或戏弄他们。希望小 A 同学在学校和老师的关爱下能健康快乐成长。面对自闭症儿童，我们都应该给予理解和爱护，在自闭症儿童治疗和教育上，都需要有一种特殊的交流方式，让他们在芬芳教育中绽放自我。

我坚信，让生命成为芬芳的诗句是教育的神圣使命。当我步入三尺讲台的那一刻起，我便告诉自己：我会努力地让孩子们在芬芳中不知不觉成长，让生命芬芳绽放！

（潘 悦）

微 笑 的 力 量

"我宣誓——带着书香，向着芬芳出发；充满希望，朝着芬芳迈进！滋养生命，芬芳心灵，让每一个孩子芬芳生长！"纵使忙碌在三尺讲台多年，每每回想，仍难以忘怀芬芳教育的初心。

最近，每当我在课间踏进教室，原本欢快的笑声，就会戛然而止；每当我在课间休息时间走出办公室看看孩子们在玩些什么，原本热闹快活的嬉戏就会突然停下来；每当我在走廊与班上的孩子相遇，孩子那天真的眼神竟变得退缩……我突然有种莫名的悲哀在心里腾起：孩子们是怎么了？一向深得孩子们喜爱的我又是怎么了呢？围绕着这个问题，我从各个地方找答案，最后还是从我自己身上找到了答案——原来是我吝啬了，吝啬了我的微笑，才让孩子们与我产生了如此大的隔阂。

想想多年前我当实习老师结束时，那些大孩子送给我的离别纪念册上，画的写的都是我的微笑；想想过去的几年，每当与我曾教过的学生相遇，哪怕和他们相处的时间不长，他们都会飞奔过来跟我拥抱，大声地呼喊我，这都是因为我的微笑。孩子的心地单纯，就像晶莹剔透的美玉，他们希望看到的是一个充满微笑的世界，希望周围的人们给他们报以微笑。而老师的微笑更如同阳光、微风和细雨，无声地滋润着他们的心田，让他们觉得老师很喜欢自己，老师很在乎自己。这样的满足感会让他们更加积极、热情、自信地面对学习和生活。

我深感愧疚，重拾教育的初心。一次上完课后，我不经意地牵了一个小女孩的手,并微笑地跟她说了几句话,她竟高兴地拥抱了我。其他小孩子看到后也试探性地走过来看看我,此刻我才知道他们是多么想跟我亲近,微笑的力量是如此巨大。

微笑能滋养生命,芬芳心灵,作为老师,如果能微笑面对每一个学生,营造一个芬芳四溢的学习环境,相信每一个孩子都能芬芳生长。

记得我班有一个被医院诊断为严重多动症的孩子,只要有他在的日子,没有哪一天是安宁的。他要不就是对同学暴力相向,要不就是在课堂上大喊大叫。作业从来不做,上学没有哪一天是不迟到的,成绩一塌糊涂。每天都有同学来哭诉,所有接触他的老师都跟我投诉。一开始这些投诉让我很生气,我找来这个孩子好说歹说,苦口婆心,指出他的错误。但是一点用处都没有,他照旧做他想做的事。所以我总是对他一脸严肃,有时一气之下,我也会当着全班学生的面严厉地批评他。一段时间后这个孩子沉默了,每天一动不动地趴在桌子上,不惹事了,班上倒是平静了不少。但我却觉得自己做了错事,对他,我丢掉了芬芳教育的初心;对他,我只有硬生生地指责教育。为了弥补我的失误,我在课间走进了这个孩子,无意中了解到这个孩子特别喜欢电脑,于是就从他的喜好入手,让他管理班级的电脑平台。他做得特别好,电脑平台从来不需要老师操心,我打心底里喜欢他的负责任。有一次我微笑地拍了拍他的肩膀说:"你真负责任,有你在,我就放心了。"他惊愕地看了我一眼,什么也没说。但是从此以后,他喜欢亲近我了,课间总是找我聊天。同时我在跟他的交往过程中了解到他的父母从没真正了解过他的心里需要什么,只会对他施予暴力,一点点做得不好,便引来一顿暴打。父母只是嘴巴上说爱他,但是从没给予他真正的关怀,每天下午他都在校门口等母亲来接,但每次等来的都是失望,母亲爱麻将桌胜过他。我终于懂得他为什么会对同学暴力相向了,因为他从小在父母身上学到的待人方式就是这样的;我懂得了他为什么在课堂上大喊大叫了,因为他缺乏关怀,想要以此来引起注意。我差点也成了他父母的

"助手",幸好我及时止步。从此,我以微笑来接纳他的不足,以微笑来等待他的进步,以微笑来芬芳他的心灵。

《学习的革命》中有这样一段话:"如果一个孩子生活在批评之中,他就学会了谴责;如果一个孩子生活在敌意之中,他就学会了争斗;如果一个孩子生活在鼓励之中,他就学会了自信……"我想:如果一个孩子生活在微笑之中,他就学会了微笑。确实,现代心理学研究表明,情绪和情感具有感染性。老师的微笑可以给学生营造一个美的氛围。

从现在起,我不再吝啬我的微笑,我要使我的微笑像阳光一样,融化冰雪;像春雨一样,滋生万物;像花香一样,芬芳孩子们的内心。

(韩　娜)

从学会接纳开始

我相信每个班上总有几个令老师们很"头疼"的学生，他们自身基础较差，自觉性不够。他们的父母不是那么配合老师的工作。在我的班上，就有几个这样的孩子。从一年级开始我就一直在"抓"他们，操心他们的学习，及时地和他们的父母沟通，但结果并不理想。这几个学生，他们还是原本那个样子，他们的父母总是在点头答应之后，又做起了甩手掌柜。

有这么一个女同学，她的父母是开面包店的，总是以自己没有文化为借口推脱自己教育孩子的责任。于是我就自己亲自监督这个孩子，我批评她的不思进取，不够自觉，要求她每天放学后来我办公室写作业。但这只是我的一厢情愿，她开始了各种逃跑计划。

我关心她，这是毋庸置疑的，可是有时我的关心又是带有一定的"情绪"。这种"情绪"是在我认为自己付出了那么多，却没有得到我想要的效果中慢慢产生的。我没有关注到这个孩子本身，我也没有意识到自己的心态发生了变化，所以导致效果不明显。慢慢地，我发现，当我接纳她是一个独立的个体时，我的"情绪"消失不见了。我能够体会到她身上的痛苦、无奈，产生共情，于是一种奇妙的化学反应在我们之间产生。

这个女孩子家里有一个哥哥，哥哥成绩很优秀，她的父母总是拿哥哥和她作比较，这导致她对自己、对学习缺乏自信。于是，我找了一个时间，跟这孩子好好谈心。那一刻，她坐在我的面前，她的身上没有任何标签，我对她也没有任何的"情绪"。我慢慢地引导她说出自己内心的痛苦,让她释放长久以来在父母、同学、老师那里承受到的重压。那一刻,我仿佛拥抱着这个孩子的心灵,看着她慢慢地修复。我和她之间,也因为这次谈话,因为我对她完全的接纳,发生了翻天覆地的变化。虽然她的成绩还是不理想,虽然她的父母还是甩手不管,但这不影响我对她的看法,我尊重她的发展规律,我帮助她,不再带有"情绪"。芬芳教育,得从学会接纳孩子是一个独立的个体开始。

芬芳教育,还得接纳老师自身的不完美,并开始做出改变。

每一个老师都希望自己是万能、十全十美的,但这几乎是不可能的。当我们开始意识到自己也有无能为力的时候,我们的内心就会平和许多,无论是对孩子,还是对我们的家庭。当我们开始接受自己是不完美的时候,你就会去接纳孩子身上那些可爱的小错误,而不是非要他们完全按照你的标准去做。当我们开始接纳自己是一个平凡人的时候,你看待孩子又会发生翻天覆地的变化。

我带这个班级已经四年了,这是我毕业之后接手的第一个班级。在低年段的时候,权威、规则是最好的管理方式。只要我一出现,不论多远,班上的孩子都能立刻跑掉、躲起来。只要我一站在教师门口,班上立刻就安静了。我原以为"怕"是一件好事。当我慢慢接触心理学的书籍之后,我发现自己错了。我把自己当成权威的人,割断了我和孩子们之间的联系,我走不进他们的内心。于是,我开始改变自己。我弯下身跟孩子们交流,我利用课下时间了解孩子们的情况,慢慢地,他们不再怕我了。这种不怕,不是对教师的不尊重,而是我们之间的链接开始了,有一种芬芳在我们之间散发。现在我的学生已经四年级了,他们会跟我说他们的小秘密,会在课间跑到我办公室来谈心,会在课下邀请我一起打篮球。我们是师生关系,同时我们也保持着很好的朋友关系。

做到芬芳教育,很难,这是一个长期的过程。但凡事都要踏出第一步,那我们就先学会接纳,一起享受芬芳吧!

（王　菁）

第六章
让生命成为芬芳的诗句

"一花一世界，一叶一如来"。世界的精彩来自生命个体的多样性，人的可贵在于生命的个性生长。教育是一个培根的过程，教育的本质在于立德树人，好的教育在于激发每个生命个体的活力和潜能。儿童有无限可能，培育拥有芬芳内心的儿童是教育的神圣使命。从这个角度讲，教育是一种诗意的修行，芬芳是生命里最美的风景：在这里，每一个孩子都能踏着芬芳的青草地，寻访自己的心灵；在这里，孩子们美丽的心灵、明亮的眼睛、灿烂的笑靥、灵巧的双手和自由的大脑能得到最好的呈现；在这里，孩子们能在最美的年华，做最好的自己，自由快乐地成长。

"生活不止有眼前的苟且,还有诗和远方",作为教育,到底什么是诗和远方? 在我看来,诗和远方代表的是一种对待教育的态度,一种教育的方式,一种教育的信仰,那就是"让生命成为芬芳的诗句"。

新加坡中小学教师委任状上写着:"在你的手中是许许多多正在成长中的生命,每一个都如此不同,每一个都如此重要,全部对未来充满着憧憬和梦想,他们都依赖你的指引、塑造及培育,才能成为最好的个人和有用的公民。"从文化哲学的角度讲,教育工作者就是成人世界派去儿童世界的文化使者与心灵守护者,要在孩子纯洁的心田里播种爱、播种思考、播种梦想!

"诗和远方"就是指教育要从过去纯粹的传播知识过渡到"知识、能力、情感"三位同构,核心素养和关键能力共建,开发挖掘儿童的无限可能;就是指教育要顺应天性、尊重人性、发展个性;就是指在关爱学生的态度、呵护学生心灵情感、关心学生幸福行为中给予学生足够的人文关怀,彰显爱护学生生命、尊重学生生命权利的教师之德。

柳宗元说:"夫美不自美,因人而彰。兰亭也,不遭右军,则清湍修竹,芜没于空山矣。"让生命成为芬芳的诗句,教师身上必须表现出云水禅心,让学生充分感受到生命的美好,人间的温情,对生命有强烈的热爱和珍惜,这种情感的体现需要教师的教育信念与教育实践有机融合和有效发挥,如教师平时不经意对待身边学生的"是非对错"真情流露上,或许就在那轻轻的一句激励话语里,或许就在那拍着肩膀的一瞬间,或许就在当头棒喝的一刹那,或许就在那充满赞许的目光中,教师那和蔼可亲的形象和高尚的人格就在身教言传中自然流露出来,这个过程就是一个让人心灵沉淀升华的过程。在这过程中,学生能够从真实的学习生活中有不同的生活体悟,情感上感受到不一样的关怀,才会发现世界的确很美好,芬芳内心在润物细无声中得到滋养。

这个感悟的过程需要搭建各种平台,敞开自主创造空间,从立意、内涵、内容、实施方式等方面研究设计多元化培养课程体系,把丰富、生动的社会生活纳入教育视野,让学生在具体的、形象的、生态的活动中,有充分的经验积累、方法选择的机会,并逐渐固化成一种日常的学习生活方式。他们在参与学习的过程中体验快乐与悲伤,把教育与无限丰富、不断生长和跃动的生命联系起来,在知识的大量汲取、情感的升华、人格的完善里,在相互协调、相互补充与和谐交融中,提升辨别"真、善、美"和"假、恶、丑"的能力,使学生的精神世界在活动和体验中获得滋养,不断丰富和完善自己的生命世界,提升应对问题和挑战未知的能力与智慧。

教育唯美,知美则性善,性善则行端;育人主情,情动则神奕,神奕则心灵,教育的使命在于使每个学生成为内心芬芳的自己。

(许春生)

目光在哪里,爱就在哪里

我们经常讲教师是"以心灵赢得心灵,以人格塑造人格"的事业,在从教30多年后,接触和交流过的学生已经数不清,但与学生交流过印象深的仍然历历在目,记得八年前的某一天,我写下"春风风人,夏雨雨人,秋果果人,冬日日人! 这就是慈悲心!"或许这就是作为教师的感触:教师应该有柔软心,应熟知学生心理,在学生最需要的地方出手,或许一句话一个眼神一个动作,就能让学生记住一辈子,让学生感受到人与人之间的温情。

到了草埔小学,了解到草埔小学师生的淳朴,也了解到来自底层打工子弟自得其乐的单纯,更加感受到他们成长的不易,源于对教育的热爱,对这帮子弟,我倾注了更多的心血,对于残疾少年钟海姗尤甚!

钟海姗是一名先天重度感音神经性耳聋听障儿童,残疾等级为最高一级。父母对其不放弃,倾尽所能,为其植入人工耳蜗,在助听器的帮助下,经过坚持不懈的言语康复训练,她不仅能听到各种美妙动人的声音,还几乎无障碍地与人流利对话。"父母有毅力,孩子更有毅力"。无论在家里还是在学校,钟海姗都不曾放松对自己的要求,每当有不懂的知识点,她就会请教老师、家长和同学。凭借坚韧意志和刻苦努力,她被学校评为"三好学生",并获得全国首届听障儿童才艺大赛一等奖。我记得在其获奖时,就在国旗下的颁奖典礼上,在钟海姗耳朵旁,轻轻地、善意地说了句谎:"海姗,你是校长在1400名学生中,唯一印象最深的学生!"后来钟海姗自己跑到我办公室,给我提出办好学生社团的建议。我给予充分甚至夸张的鼓励:你太厉害了!这是我没想到的!同时向她竖起两只大拇指。之后,在她本人的努力下和教师家长的支持下,不断上进,被评为"自强自立"类和"最强网络人气"的"美德少年"!

我们常说,师者,传道、授业、解惑也。也常说育人要润物细无声,关键是润什么?怎样润?什么时候润?或许基于对儿童天性的尊重,就能发现看到学生个体内心的芬芳,激发绽放内心的美好!在这个角度讲,教育在于发现,"目光在哪里,爱就在哪里发生!"

我们常说,师者父母心!记得N年前的一件事:六年级的李思敏老师跟我说,班上的刘文瀚同学上课老捣乱,时不时冒出一句让全班同学哄堂大笑的话。我从李老师那里了解到,刘文瀚同学极其聪明,上课不听讲也可以考试很好,可能因为这点,有恃无恐!我找刘文瀚同学聊了一下,知道他所有小学语文都学了,于是跟李思敏老师说:您根据他上课看什么书,给他布置一下任务,让他下课跟您交流。之后,一切都相安无事了。没过多久,他妈妈找上门来,感谢学校对他的特别安排。上初中之后,刘文瀚同学去了加拿大读书,之后到了哥伦比亚大学深造,做研究。

的的确确,云水禅心,聚者必散,世界上大部分的爱是为了相聚,唯有父母对子女的爱、老师对学生的爱,是为了分离。是为了儿女学生长大,自己出去奋斗。在这个过程中,目光所在之处很重要!期许很重要!了解更重要!当你的目光专注于大家整齐划一听课时,你可能容纳不了你的学生开小差。

每一个孩子天生俱来的是好动好奇,当你了解每个孩子的天性和特点时,可能你的教学策略和方法不同,面对不同的教学困境时能够智慧大气,应对自如。

在40分钟内外,如果你的目光不仅仅停留于纯粹的知识和技能上,可能教师的爱就会表现于教师平时不经意对待身边学生的"是非对错"真情流露上,出现在那娓娓动听的句句激励话语里、那轻轻拍动肩膀的一瞬间。那充满赞许和期待的目光中，教师和蔼可亲的形象和高尚的人格就流露无痕。

（许春生）

内心深处的光明

　　每学期开学初，各班都要收取学生的早餐费和青少年报费，为了锻炼学生，本学期，钟老师决定让两名班长收取费用。周班长和王班长接到任务后，很开心，信誓旦旦地说："老师，我们一定能收齐的！"

　　第二天，两名同学一大早来到了学校，开始收取两笔款项，经过仔细清点，认真核对，忙活了一天，终于在放学时把收到的钱交给了钟老师。钟老师清点钱时，发现少了 100 元，这两名同学顿时傻眼了，解释着："不可能呀！我们明明数了两遍。"再次清点后还是少了 100 元，钟老师瞧着他俩，笑着说："怎么办呢？"两名同学商量后愧疚地说："老师，让我们承担失误吧，明天每人贴 50 元。"听了孩子的话，钟老师赞许地点点头，说："孩子，老师为你们点赞，但这件事我也有责任，因为你们是第一次收取费用，我应该告诉你们怎么做。这样吧，这 100 元由我们三人分摊，你俩每人承担 33 元，老师承担 34 元，但这 33 元必须从你们的零用钱里支出，你们觉得怎么样？"两名同学听了老师话后，笑着表示同意。

　　次日一早，两名同学各自将 33 元钱交到了钟老师手中。

　　担当责任，是对自己的严格要求，是社会托付的神圣使命，是对孟子"以天下为己任"、范仲淹"先天下之忧而忧，后天下之乐而乐"、周恩来"为中华崛起而读书"的当代诠释。担当是一种精神，是每个人内心深处的光明灵魂；担当是一种品质，是每个人生活的道德标准。敢于担当，敢于撑起自己的一片天。

敢于担当，肩负责任，担当是人与生俱来的一种力量。从老师拿到餐费与订报费后，及时清点钱数，到发现"少100元"，并且在遇到问题后，没有推卸自己的责任而主动分摊这一举动，可以看出老师是一个有责任心的人。为学生树立了一个敢于担当的榜样形象。在做出三人分摊100元的决定后，要求学生用自己的零花钱来归还，而不是找家长要钱，又让孩子明白谁造成差错谁就承担后果的道理，体现了一个教师应有的责任。

两名同学，在收齐相关款项后，认真清点，虽然不知哪个环节出了差错而导致少了100元，但在问题出现后，没有互相推卸责任，也没有对自己的失误作过多的辩解，而是选择两人分摊，说明两人勇于担当自己作为班长的职责，并且在老师要求拿自己的零花钱来垫付的时候，二人也没有拒绝，这种态度值得肯定，也从侧面显示出了老师教育的成效。

为了培养学生的责任心，学校全面实施"事事有要求、事事有人管"的规定，班级里的每一样物品都安排一个同学全权负责，如"风扇督察长""窗帘督察长""黑板督察长"等。我班的梁同学通过竞选当上了"电脑督察长"，负责电脑和投影的开关。刚一开始，梁同学确实很认真，每天都按时开关电脑，得到钟老师的多次表扬。但是，一周后，忘记关电脑的现象出现了，刚开始钟老师会提醒梁同学关电脑，几天以后，依然没有明显改变，甚至有一次电脑开了一整晚，钟老师发现情况不妙，于是找梁同学谈话。梁同学生气地说："早知道这么麻烦，就不应该参加竞选！"钟老师语重心长地说："老师理解你这种想法，既然你当上了'电脑督察长'，就要把这件事做好，这才叫做担当"。梁同学一脸不情愿地走出办公室。过后钟老师与梁同学的妈妈交流此事，梁同学的妈妈主动提出："钟老师，我家孩子在责任心方面确实有所欠缺，希望通过这件事让他知道什么叫担当，建议这样做：梁同学最心疼他的红包，第一次忘记关电脑'奖励'5元，第二次'奖励'10元，如此类推。"

钟老师采纳了梁同学家长的建议，定好规矩，开始执行。果然，没过几天梁同学又忘记关电脑了，钟老师提醒道："梁同学，按规定明天要把5元拿来哦。"第二天，梁同学眉头紧皱拿着5元站到钟老师面前时，仍抱着一线希望说："钟老师，再给我一次机会，我一定会记得关电脑的。"钟老师笑着说："梁同学，老师给了你多次机会，可你一次次都错失，只能按规定办事咯，请把5元交给我吧，然后在纸上签上金额、姓名和日期。"梁同学只好乖乖地在纸上签上金额、名字和日期。几天后，梁同学陆续被"奖励"了10元、20元。自从白纸上出现3个签名后，钟老师发现了梁同学的变化：每天上课第一时间开电脑和投影，放学后第一时间关电脑和投影，从未忘记过。于是钟老师找他聊天："梁同学，老师发现你最近工作认真负责，从未忘记过关电脑和投影，为什么呢？"梁同学摸摸头，笑着说："钟老师，那是我辛苦积攒的零花钱呀！再这样下去，我的零花钱可就全没了！我发现只要把开关电脑这件事记在心里，久而久之养成习惯，就不会忘记了，当初为什么就想不明白呢？谢谢您的'奖励'，我学会了做一个有担当的、负责任的人。"钟老师听了以后笑着说："那你上缴的零花钱怎么处理呀？""不用还给我了，贡献给班级当作班费吧，就当作我之前忘记关电脑的补偿吧。"梁同学会心一笑。

责任意识，是"想干事"；责任能力，是"能干事"；责任行为，是"真干事"；责任成果，是"干成事"。责任担当，芬芳四溢。

（黄柏丽）

小草萋萋自芬芳

　　女儿小的时候,我常带她去莲花山公园玩。莲花山下有一片大草地,冬日里,我喜欢坐在绿毯般草地上,晒着和煦的太阳,闻着小草的芬芳,听着女儿的欢笑声,好不惬意! 莲花山上有许多高大的树,我很少到那儿去,我更喜欢亲近小草,因为它们更接地气。

　　元旦节那天,我照例收到小芳的微信问候。她是我多年前的学生,现在是普通的幼儿园老师,普通得如同一大片草地中的一棵小草。点开她的朋友圈,都是她和孩子们的笑脸,假期旅游的美景,香喷喷的美食,优秀教师的奖状……这是个开朗的、热爱生活的女孩! 看着看着,我的心里是百味杂陈,既自豪,又愧疚。上学时的小芳可不是令老师喜欢的小草,我甚至曾经嫌弃她。她衣着邋遢,性格孤僻,不怎么和老师同学说话,最要命的是她的学习成绩特别差,语文从来上不了 40 分,我曾花了很大力气为她个别辅导,收效甚微。看到她每次考试都拖班级平均分的后腿,我心情烦躁,对她少不了厉声训斥。记得有一次,她又没有完成作业,我在课堂上怒气冲冲地质问她:"为什么不完成作业?"没等她开口,一个男生抢着回答:"老师,我昨天晚上看见她和几个幼儿园的小屁孩在玩过家家呢。"话音刚落,全班顿时大笑起来,我更生气了,大声说:"这么幼稚,回到幼儿园去读了!"这时,全班同学笑得前俯后仰,只有她低着头,眼泪不住地往下掉。也许是看到小芳成绩差,不受老师待见,班上的同学也排斥她,甚至欺负她。下课没有人跟她玩,学习小组更没人要她,如果有谁丢了东西,同学们第一时间会说小芳偷的。小芳在学校里形单影只,郁郁寡欢,我并没有及时给予关爱和帮助。现在想起来,真有一种无地自容的感觉,作为一个教育者,眼里只有考试分数,夺走了孩子本应有的快乐童年!

这种状况一直持续到小芳六年级。有一天,我经过教室,看见有个男生把小芳的书包扔在地上,还边骂边用脚踩,小芳在一旁瑟瑟发抖,不敢出声,而班上的同学却在一旁起哄。我看了大怒,冲上去,狠狠地斥责那个男生,并严厉教育了全班同学,并说以后谁欺负小芳,我一定严肃处理!全班一片肃静。这时,我注意到小芳双眼噙着泪水,泪光中泛着感激。我心头猛然一震:小芳是多么需要老师的关爱啊!从那以后,我对小芳不再批评,而是想方设法找优点表扬她,鼓励她,呵护她。小芳的转变是立竿见影的,她常主动到办公室找我说话,放学后主动替值日生扫地,帮生病的同学送作业本……同学们也渐渐喜欢她了。当然小芳的学习并没有多大起色,但我没有批评她,因为我知道她已经尽力了。有一次,一位一年级老师要我派个学生帮她每天中午管学生,我就叫小芳去。一个学期下来,小芳也不负所托,将这任务完成得极好。一年级老师十分感激,亲自买了礼物要我奖励小芳。当小芳在同学们羡慕的目光中接过礼物时,我发现她的脸上绽放出自豪的笑容,这是我第一次见到的。

不久,小芳升读中学了,她每逢教师节都会给我寄张贺卡,写上师恩难忘之类的话。有时间她也会回到母校找我谈谈她的中学生活,我知道她学习成绩不如意,常被人歧视,我少不得安慰、开导她,谈着谈着,她脸上又会露出灿烂的笑容。后来因为成绩不好,她初中毕业时选择了职校,读自己喜欢的幼师专业。毕业后,小芳成为了一位幼儿园教师,她做得很勤奋,也很开心,工作第一年就被评为优秀教师,还加了工资,为此,她还特地发微信与我分享。看着她的微信,我内心充满自豪,自豪的是我在小芳最需要时给了她关爱,让阳光和快乐降临她的生活。我也很感谢小芳,她帮我找回一个教育者应有的东西——爱。如果你选择了教师这个职业,你就必须公正无私地关怀、爱护每一个学生,无论他以后会长成大树还是小草,都应该得到爱的阳光雨露。

小芳的成长经历让我想起前段时间流行于网上的一段视频。视频中一位青年男子殴打他 20 年前的班主任,原因是这位老师 20 年前打过他。打开网友评论区,有谴责打人者的,也不乏高喊打得好的,还有网友在晒小时候被老师体罚的经历,甚至有指名道姓要他以前的老师小心的! 看到这些评论,我不禁一阵心寒。过去所说的"一日为师,终生为父",为什么在一些师生那里演变成"一日为师,终生成仇"呢? 这些老师无疑是很负责任的,他们是爱学生,但他们爱的方式方法可能过于简单粗暴,伤害到了学生心灵,让学生记恨他们一辈子。教育是一项春风化雨、润物无声的工作,粗暴、急功近利会适得其反。教师应以芬芳之方法,让孩子成为内心芬芳的人。芬芳的方法应是平和的、持久的,给人一种春风拂面的感觉,这种芬芳方式建立在教师对学生无私的关爱和个性尊重上,也建立在教师良好的性格修养上。对待能为自己争光的好学生,教师很自然会和蔼可亲,百般表扬。但教育所谓"问题学生"时更要心平气和,放下架子,和学生交朋友,深入了解他们,努力去发现和放大他们的发光点,及时给予表扬、鼓励。学生只有感受到你对他的关爱和尊重,才会信任你,接受你的教导,才能成为内心芬芳的人。

夕阳芳草寻常物,寻常到让人们无视。每个家长、老师都希望孩子成为参天大树,国之栋梁,但无数成为小草的孩子一样为祖国、为人民做贡献,如果没有无数的沙子、砖石,靠几根栋梁能构成整栋大厦吗? 枝上柳绵吹又少,天涯何处无芳草。是啊,小草萋萋自芬芳。不过有时候双眼、鼻子被名利、浮躁等东西蒙蔽了,你看不见它们的美丽,闻不到它们的芬芳。为师者,请善待小草,它们和大树一样构成祖国美丽的风景。

(蔡光健)

让教育温暖而芬芳

芬芳教育是阳光灿烂的教育,温暖向阳;芬芳教育是芳香四溢的教育,温馨如花儿。我与一群单纯可爱的孩子在流淌着诗意与芬芳的场所,邂逅一场芬芳的生命之旅,他们是一棵棵芬芳的小草,接受书香、人文与爱的熏陶,在芬芳教育中茁壮成长。作为一名教师,一名班主任,我的芬芳教育就是与孩子一同健康快乐成长。

我是草埔小学一年级的班主任。在孩子的寻常生活中"研读"他们,聆听童声、触摸童心、探寻童趣、感受童真,总会发现孩子举手投足间流露的需求,总会发现孩子对安全和爱的渴求。班里有一个叫小瑶的女孩,开学好长一段时间了,我都没看见她的笑容,一张怯生生的脸,圆圆的眼珠却无神忧郁,当听到老师叫她的名字有点惊恐。其他的学生和邻座同学有说有笑,她却不敢和任何人交流。她那黄黄的头发上有些头皮屑,与编织蓬松而又俏皮可爱的鱼骨辫显得不那么融洽。我在心里嘀咕:"为她编这么好看的辫子,定是爱她的人。但她看起来不快乐。孩子不都是天真快乐的吗?"

学校是孩子成长的快乐园地,应该成为孩子汲取温暖与爱的港湾,驱散孩子的害怕与不安。为了帮助孩子,我找到了学校心理咨询室老师,向她说明小瑶入学以来的表现及我心中的困惑,商量后便采取行动。心理老师常常站在教室后门观察小瑶上课表现,课间和她交朋友,逐渐取得她的信任。小瑶告诉我们家里还有哥哥和弟弟，妈妈常常打她，哥哥爱欺负她，只有爸爸和弟弟对她好。"但爸爸很少在家"。于是，我通过微信和爸爸联系，告知女儿在校的表现以及她对家人的评价，希望他能来学校谈一谈。她爸爸也许因为自己对女儿不够关注而心存愧疚，推脱不敢来学校和我聊，但答应会让妈妈过来。

小瑶妈妈当天下午就来了，手上还抱着四岁的弟弟，一脸抱歉和哀怨，似乎也受了很大的委屈要和我哭诉一番。妈妈低着头小声说："我对她的确没有耐心，作业也是靠她自己写。"若是写得太慢或写不出来，就大声斥责，情绪失控便会动手打孩子。我给她倒了一杯水，小瑶妈妈抿了一小口，连忙说道："但她是个乖孩子，听话懂事也爱学习。"我在心里为小瑶打抱不平："是啊，小瑶就是听话懂事，所以你才敢这样对待她。"但她后来的话，让我消了怒气增了同情。"我也想对她耐心点，可是我也没办法，我一个人带三个孩子，每天还要洗衣做饭，料理家务活还要辅导孩子学习，可是她爸爸什么都不管，也没赚什么钱，回到家里也不帮忙，好像这些事都和他没关系。"小瑶妈妈哭得更厉害了，边哭诉边摇头。我又倒了一杯水给她，四岁的弟弟捧着妈妈手里的水往自己嘴里送，他也渴了。妈妈又说了起来："她奶奶常说她脑子有问题，一个人对着布娃娃说话，自言自语。"这更表明小瑶是正常的孩子呀，她有与人沟通的欲望。

一棵小树苗，能够长成参天大树，也可能单薄无力甚至枯萎，由此至彼之路其实并不漫长，作为老师和父母，要给予孩子更多的爱。和小瑶妈妈谈话后，给了她一些建议。"女子本弱，为母则刚"，希望她自己能调整好心态，强大起来，心中有再多的怨言都得为了孩子先放下。偶尔带孩子出去吃顿好的，到附近的公园走走，给生活加点甜，多些乐趣。但我想，能让小瑶这棵柔弱无助的小草感受到爱与温暖，更应该从爸爸这边入手。毕竟妈妈已经被生活的重担压得喘不过气来了，只有爸爸也加入进来才不会让妈妈孤立无援，才能给她一些信心。在那之后，我多次与爸爸沟通，告诉他从小没有父母陪伴的孩子长大后会有何严重后果，并给他建议如何陪伴孩子，如何与孩子沟通。为人父母也希望女儿能够健康快乐成长，他听从并实行了建议。父母和老师对孩子倾注了满满的关爱，终于小瑶和周围同学在一起玩耍，脸上露出笑容。

恰巧学校在举办"非遗亲子活动——画脸谱"，我给小瑶爸爸打了电话，让他陪小瑶参加，相信有了爸爸的陪伴和温暖，她定会更快成长更有安全感。学校公众号报道了"非遗亲子活动"，一张照片映入眼帘：小瑶爸爸的手紧紧地握着女儿的手，在脸谱上细细地描绘着，小瑶脸上流露出甜而暖的笑容，这是多么美好的画面，愿时光永远定格在这一刻，愿小瑶像小草那样芬芳生长，幸福有爱。更让人高兴的是，小瑶和其他同学的友情悄然滋长，一起学习、一起玩耍、一起说说笑笑。

每一个孩子都是一粒充满希望的种子，父母和老师便是希望的守护者，为人师，为人父母，陪伴一粒种子健康快乐成长，静待花开。

（刘翠敏）

爱 满 人 间

"纸上得来终觉浅，绝知此事要躬行"。做学问要不遗余力，深入思考和研究，深入地了解其中的道理，亲自实践，才能够达到学习的效果。新课改形势下，教育教学工作的开展，要立足于"芬芳教育"视角，使学生对学习产生兴趣，感受教育的芬芳，从而调动学生学习的积极性和主动性，以提升教学效率和教学质量。

芬芳教育，爱满人间。"爱"是教育教学中不可或缺的一种情感，爱是教师对学生的关爱和关怀，以学生作为教育教学工作开展的核心，突出学生的主体地位。教师要有爱心，对学生予以关怀和爱护，深入学生内心，使教育教学工作得到更加有效地开展。

回忆我教过的学生，我首先想到了一个男孩——袁同学，他是一名情感发育迟缓兼自闭症儿童。时不时在课堂上吼叫，扰乱其他正常孩子上课。对于这个特殊的孩子，我邀请了他的家长，和他的家长进行了交谈。我们初次交谈是在学校的图书馆，家长表示没有时间陪孩子读书。对此，我跟家长进行了沟通，我对家长说："您的孩子在课堂上乱吼乱叫，影响到了其他孩子上课。请您将心比心，是特殊的孩子就要家长陪读，如果不陪读，孩子影响其他同学学习怎么办？"跟家长沟通后，家长愿意配合我，答应来学校陪读。课堂上，我对这名孩子给予特殊的照顾，帮助他找回信心，让他能跟正常孩子一样，认真地进行听课，并锻炼他，帮助他。经过很长一段时间的努力，这名学生终于在入学六年来第一次学会背诵课文、第一次上台分享、第一次参加集体活动、第一次……让几乎要放弃他的母亲看到了希望,家长非常感谢我,并积极配合我,同时积极对他进行康复治疗。这么特殊的孩子有如此的改变,是我最大的欣慰!

回首过去,对于袁同学的教育,我始终没有放弃他,而是给他特别的爱与接纳,用我所学的心理学知识对他反复训练纠正他,帮助他慢慢树立了自信,克服心理障碍,使袁同学能够更好地融入到班集体当中。在这个过程中,加强教师和袁同学家长之间的沟通和联系,使家长参与其中,提升了教育效果,并且更好地把握袁同学的实际情况,从而使袁同学尽快回归到课堂,与其他孩子一起学习,这对于袁同学的成长和发展具有十分重要的意义。

除了袁同学外,班级里还有一个患有小儿麻痹后遗症的冯同学,同学们叫他"歪头"。对于班级里孩子给他起外号的事情,我对班级里的孩子进行了批评和教育,让他们能够有爱心,关心和爱护同学。在对冯同学的教育中,我秉承着"一视同仁"的原则,帮助冯同学树立信心。我经常教育班级里的孩子们,要有爱心,要对每一个同学予以关爱。同学们在我的教育和影响下,不再嘲笑冯同学,与冯同学正常相处。在班级管理过程中,我会给予冯同学一定的关怀和照顾,让他不因为自己的特殊情况产生自卑感。例如在开展班级活动过程中,我会考虑到冯同学的身体状况,让冯同学能够很好地参与到班级活动当中,与其他同学进行沟通和交流。通过这种"特殊的照顾",冯同学跟其他同学融合在一起,形成一个友爱班集体,促进冯同学得到更好地成长。

我一直反思,冯同学的身体患有小儿麻痹症,这给他带来了一定的心理伤害,他与班级其他同学相处时,可能存在一定的自卑心理。因此,老师要对冯同学的特殊情况进行把握,对他予以更多的关爱,让他在参与到班集体活动中,快乐健康成长。我认为教师对学生的爱既要平等对待每一个学生,又要对特殊学生给予特殊照顾,让每一个同学感受教师的爱,让教育的芬芳平等地沐浴到每一个同学的身上,使教育充满芬芳。

我对孩子们施予更多的关怀和照顾,把他们当成是自己的孩子,积极地与孩子进行沟通和交流,拉近和孩子们之间的距离。孩子们跟我的关系很亲密,他们愿意将自己心里的想法表达出来。

"桃李不言,下自成蹊"。作为一名人民教师,贴近学生的生活,对学生用心、用爱教育,才能够调动学生学习的积极性和自主性,使学生更好地投入到课堂学习当中,让学生感受教育的芬芳。

(吴文敏)

教育不是一蹴而就的

记得那年八月底，微风吹拂、阳光和煦。即将成为一名新教师的我正前往草埔小学的路上，人生将要开启新的篇章。

相信没有人能忘却初次到工作单位报到的期待与展望。然而，现实总是残酷的，当映入眼帘的一幕幕街景与自己的想象相距甚远时，心情一落千丈，所有的期待扑了空。一路上，叫卖的小贩、数不尽的农贸市场、沿途潮湿黏腻的路，弥漫在空气中的腥臭味分不清是哪一种肉类，穿过这一片"荆棘"后，我终于找到她——草埔小学。

没错，这是一所城中村学校，任何人对它的第一印象都是环境脏乱，眉头紧皱。如果说，将学生比作一朵花，那么孕育着花朵的环境就是学校，草埔小学的学生虽不是温室里的花朵，但却有独特的芬芳。

罗湖区科技创新大赛暨创客节，是区里每年一次的重要活动，其中一项重要的任务就是遴选学生去参加比赛。然而，对于不是班主任的我，仅凭着对学生的零星了解，这是一件很困难的事情，于是索性就让学生自主报名，感兴趣者优先。待所有项目都选好参赛学生后，一次偶然的聊天，某班主任对我说："我们班这两个学生平时表现很差，你怎么选了他们俩去参赛呀？"听到这番话我心里不禁打鼓，反复向班主任确认他们的平时表现。确实，他们俩是班上所谓的"差生"，但我依旧没有换人，因为我想试着"赌一把"，毕竟还有其他"优生"参加项目，正好也可以做个测试。

最后的结果的确出乎我的意料,老师口中的两名"差生"竟获得了二等奖的成绩,而一些"优生"却很遗憾地没有获得奖项。在告知他们获奖讯息及恭喜他们得奖的同时,我的内心愧疚万分,这样优秀、为校争光的小同学,我竟然曾"怀疑"过他们,真不应该。孩子的学习成绩是不应与兴趣爱好划等号的,调皮好动的孩子也许有着更好的动手能力。作为老师,我们有着比父母更多与孩子相处的时间,我们凭着自己对孩子的了解,作为最有发言权的人给他们下着定义,好像评价手册里写着的,就是他们的人生。己所不欲,勿施于人,我们讨厌其他人给自己下定义、贴标签,却不断地在给学生下定义、贴标签。草埔小学随处可见的校训是"学会欣赏,追求崇高",而老舍先生的《四世同堂》中有一句话:"种菜浇花只是一种运动,他并不欣赏花草的美丽与芬芳。"教书育人是老师的一项工作,但我们不能够麻木的工作,不去欣赏孩子们的优点与独特之处。作为成人,我们希望被看见、被欣赏、被肯定,那孩子们也一定有这样的期待,毕竟,我们曾像他们一样,眼睛里带着期许的光。"学会欣赏"并不是当有了芬芳,才去欣赏,而是只有当你学会了欣赏,才能嗅到芬芳。

教育不是一蹴而就的,正确、耐心的教育能够培养孩子向着芬芳生长,所有的芬芳都需要经过历练与成长,花朵才会绽放。"教书育人"四个字,是每个教师一生的使命。

刚当老师那会儿,总是有着用不完的耐心,无论学生多难教,都会讲解到他明白为止,无论学生有多调皮顽劣,都锲而不舍地给予爱的教育。我们学校的孩子,大都来自街边的"小摊小贩"家庭,在他们的世界里,生活是无趣的,但学习是很有趣的。他们的家里没有昂贵的电脑和先进的电子设备,每周一次的信息课,是孩子们的殷切盼望。上信息课让孩子们很快乐。每一次公开课上平板电脑、使用 VR 设备都让他们兴奋不已,他们特别珍惜这样的机会。学校也努力给孩子们创造更加与时俱进的学习条件。记得一天晚上,我接到某位家长的电话说:"老师,我的女儿在上信息课的时候由于电脑损坏，总是和同学一起使用电脑进行学习，很是失落，她说她希望能够自己独立操作，完成作品给老师看。"经过反馈后，学校以最快的速度修缮了损坏的电脑，让所有的学生都有新的设备可以使用，保证教师课程的顺利进行，让学生有更好的学习体验。当新的电脑教室完工，学生进去上课的时候，他们一起发出"哇！"的赞叹声，我感到无比的欣慰与自豪。每一个"完美"的背后都不是某一个人的努力，而是一群人的恪尽职守、无私奉献，正是因为这样，才成就了草埔的芬芳。

"一瞬泰山重，百代颂芬芳"。这是郭沫若先生在《蔡永祥》中所写，教师也许没有如此伟大，但因为那些平凡的付出、耐心地培养、辛勤地浇灌，才能最终嗅到"花儿"的馥郁芬芳，欣赏"花儿"的美丽绽放。草埔师生，如同花草一般，无惧环境，向着芬芳生长！

（赵　奕）

柔软，另一种坚韧

记得，那是一堂六年级的体育课，天气特别炎热，站在操场就好像身在蒸笼里，稍一动就汗流浃背。

上课铃响后，学生们开始烦躁地集合，接下来发生的事情让我意想不到。在与孩子们相互问好之后，我正准备宣布本节课的内容，就听到有些孩子开始在下面小声讨论："今天太热了，直接在树荫下休息吧。"开始是个别同学小声讨论，渐渐蔓延到全班讨论。我就思考：没有到盛夏，孩子们上课集合就想站在树荫下，还有两个月的课怎么上呢？是啊，现在社会进步了，孩子们的物质生活十分幸福，学校的教育条件也非常好，但孩子们身上却缺少了一种品质——那就是芳草的韧性。

接下来，我决定将整个班级带到太阳下重新集合，陪着他们一起在烈日下上课。体委整好队伍后，我抛出了问题："同学们，今天天气确实酷热，但请思考一下：天气炎热，是不是我们解放军叔叔就不用站岗，不用保家卫国了？再请问是不是天气炎热，我们的警察叔叔就不用出去抓坏人破案了？"当时我仔细观察孩子们的反映，他们纷纷低下了头沉思。我判断出孩子们的内心已经受到了触动。我再次抛出问题："难道天气炎热，马路上清洁工阿姨都不工作了吗？是不是天气炎热，你们的父母就不用去上班了？同学们有没有想过，当你们在阴凉的教室中学习的时候，也许他们正迎着烈日为了全家人的生活而四处奔波。"那一刻，全班鸦雀无声。

随后,我重新安排了本节课的练习,发现学生非常认真,每个同学都像是一个小战士,前后五分钟没有一个同学叫苦喊累。考虑到天气确实炎热避免学生中暑,练习结束后赶紧安排学生补充水分进行休息。

通过这节课的小插曲,学生们对体育课有了新的解读,对意志的磨砺也有了亲身的感受,犹如一棵坚韧的小草破土而出。之后的教学过程中,天气再热也没有孩子叫苦喊累,遇到困难脸上流露出的是坚强而不是退缩,艰苦环境下的练习更加从容,意志更加坚韧。

还有一次,上课后带领他们去做准备活动,天气很冷,本来安排学生慢跑三圈做好热身就开展课堂教学。可刚宣布完课的内容,学生开始叽叽喳喳:"跑三圈那么多,累死了。"其实我们学校地处城中村操场很小,一圈跑下来也就100米左右,这样的准备活动量对于五年级学生来说强度已经很小了。表面上看学生有些懒惰,但从深层次讲就是意志力薄弱。

那节课后,我就将一学期的教学内容作了临时的调整:每节课的准备活动量以三圈为基础,每过一周加一圈,循序渐进,八圈为上限。就这样坚持了几周下来,当再次安排他们跑八圈时我问到"累不累?"没一个学生说累,反而有说痛快的,还有说再跑几圈都没问题的。接下来每次跑步询问他们能否坚持下来,学生异口同声地回答:"没问题!"学生的身体得到了锻炼,意志得到了磨砺,我们的小草更加坚韧。在他们以后的人生路上如果遇到困难,也许就会想起奔跑的经历,这次经历会成为他们战胜困难坚定不移走下去的动力!

是啊,体育带给孩子们的不光是快乐,更多的是身体的磨砺。其实就是通过这种磨练,直抵他们的心灵,让学生真切地感受到"天将降大任于斯人也,必先苦其心志,劳其筋骨",让孩子在体育课中掌握锻炼技能的同时,意志也变得坚不可摧,在以后的人生中不屈不挠地勇往直前。

我一直信守身上的使命:体育课要锻炼孩子们的身体,更要磨练他们的品质,让一株株小草变得坚韧挺拔,在大自然中继续芬芳绽放。

"蒲草韧如丝,磐石无转移",小草虽然柔软,却有一种坚韧的力量,使它可以冲破顽石的压迫生长出来。事实证明人只要有坚韧的意志,不屈不挠的精神,即使有万般困难都会迎难而上,最终走向阳光和成功。

（王 强）

你若盛开,芬芳自来

有一种爱,叫无私;有一种爱,叫关怀;有一种爱,镌刻着伟大的灵魂;有一种爱,歌咏着崇高的品质。

转眼间,我从事教育工作已经八年,在这期间,平凡的我,并没有催人泪下的事迹,更没有惊天动地的壮举。我有的,是一颗对教育事业的真心和对孩子的爱心。慢慢地,我理解了苏霍姆林斯基的话:一个好教师意味着什么? 首先意味着他是这样的一个人,他热爱孩子,感到和孩子交往是一种乐趣,相信每个孩子都能成为好人,善于跟他们交朋友,关心孩子的快乐和悲伤,了解孩子的心灵。

我的班上,有个名叫天天的孩子,小小个儿,却有着浓浓的睫毛和大大的眼睛。他不爱说话,不与同学交流,课堂上沉默寡言,总是安安静静,好像世界都是他的,却又仿佛与他无关。记得刚上一年级时,刚出月子的妈妈陪读了整整一个月。跟他妈妈交流后了解到,这孩子从小胆小内向,自理能力也差,难以融入新的环境。

作为一名小学老师,我深知从幼儿园到小学,会有一个过渡时期。环境的变化,学习内容和方式的改变,组织纪律的不同要求,对一普通孩子来说,都是考验,更何况小天是一名有自闭倾向的孩子,他的生活有常人想象不到的困难。因此,给他一些特殊的关爱是非常必要的。

一次上课,我像往常一样检查孩子们的读书情况。当轮到小天同学时,他非常胆怯地站起来,朗读课文的声音小得几乎听不见,有时停顿好久也没说出一个字,同学们都有点不耐烦了。我也很着急,为了不耽误时间,就想让他下次再尝试,但当我看到他试图再次朗读的表情时,我又想,为什么不给他一个机会呢?为什么不能给他多一些耐心和鼓励呢?

于是,我对全班同学说:"我相信小天同学一定能读好的,我们再给他一个机会好吗?"在大家的期待中,小天同学鼓起勇气再次朗读,虽然还有点磕磕巴巴,声音也不是很响亮,但在大家的鼓励下,他终于完整地读下来了,班上热烈的掌声也适时响起。这时,我从小天同学的脸上看到了甜蜜的笑容,我抚摸着他的头,并竖起拇指对他说:"You are excellent! 老师相信你下次一定会读得更好!"小天同学羞怯地点了点头。

从那之后,为了提高他学习英语的信心,每天课前,我会跟他进行简单的课前交流,并在课堂上专门设计一些容易的问题让他作答。慢慢地,在英语课上,他不仅能举手回答问题,偶尔还能上台表演课文。他的课堂注意力从最初的几分钟,延长到后面的十几分钟甚至更长,英语成绩也越来越优异,甚至一度进入班级前三名。

因为有了爱,我才有耐心;因为有了爱,我才会关心;因为有了爱,我才和同学们贴心。师爱,是一种发自灵魂的芬芳,是一种深入骨髓的甜蜜。我作为一名从教者,深知师爱是师德之魂,没有爱就没有教育。在教育过程中,我学会了期待,学会了欣赏。

同时,在生活上,我尝试用亲切的语言拉近与小天同学的距离。几乎每个课间,我都会找他聊天。从一开始他的不搭理,到后来扭扭捏捏的回答,再到现在大大方方的交谈,四班的老师们见证了他的成长。与此同时,我想方设法创造机会让他做一些力所能及的事情。比如,协助老师和班干派发作业和试卷,偶尔帮老师拿教具,让他充分感受到自己的价值,在一件件小事情中获得成就感。

从踏入小学以来,小天同学一直在爱与鼓励的氛围中成长,他与其他同学的关系越来越融洽，和老师也越来越亲密。他的转变，让我深深地意识到，作为一名教师，我们需要关注每一名学生，特别是班上那些不引人注目的"花朵"。对于他们的点滴进步，要及时给予表扬和肯定，帮助他们建立自信心。用一颗爱心去唤醒他们沉睡的心灵，让这些迟开的"花朵"沐浴阳光雨露，健康成长。

在一次交谈中，我这样问小天同学：

——你喜欢草埔小学吗？　　——喜欢呀！

——你喜欢我们班同学吗？　　——嗯，挺喜欢的。

——那你喜欢老师吗？　　——喜欢，他羞涩地答道。

是的，一个孩子能喜欢他就读的学校，喜欢与他朝夕相处的同学，喜欢教他的老师。他每天带着轻松和愉悦的心情来学校。那么，我认为，教育已经成功了一半。正所谓：你的心在哪，你的幸福就在哪。当你用心去感受教育，不管是快乐还是忧伤，充实还是迷茫，都将是你生命中挥之不去的幸福。

教育是一场心灵的对话，是邂逅美好的芬芳之旅；教育是一种诗意的修行，能让每一个生命蓬勃生长。而教师的关爱就是学生心灵的阳光。那么，就让爱永驻心间，让芬芳诗意流淌吧！

（伍秀容）

一直以来，我执著地认为，教育应如春风化雨、润物无声；一直以来，我坚持学校管理应通过简约有效的措施，促使教师主动参与，在行动中探究教育的原理；一直以来，我尝试让教师在具体实在的案例环境中不断学习和提高，在技术娴熟的基础上迸发出智慧的火花；一直以来，我认为教师要有教育生活的成功感，必须像庖丁解牛一样熟知牛的骨骼构成、脉络走向，才能游刃有余，才能在解牛过程中展示艺术，有愉悦的享受！一直以来，我认为课程改变，学校才能改变……

于是，我们从国内众多教科研机构中，遴选出致力于提升学校课程品质的上海市教育科学研究院，请杨四耕老师为学校的发展把脉、助力。

我们基于深圳市草埔小学"芬芳教育"的理念，对学校、教师的角色进行全新的定位：学校应该为生命的蓬勃生长提供阳光、沃土和甘露；教育应该是润物无声的渐染，是春风化雨的感化；教师应该撬开一道缝隙，让孩子迎着光束成长，让生命向着芬芳绽放！

我们通过共读、共研，在深度对话中思考，并把这种思考付诸笔端，凝聚成一个个鲜活的教育案例。在经意与不经意之间，老师们明白了每一个教育行为的原点，进而还原了每一次教育行为的本质。

这种样态正如王维所写的"春风动百草，兰蕙生我篱"：徐徐春风轻拂，百草在微风荡涤中悄然萌动；而兰蕙丛生，发出缕缕清香，沁人心脾。

原点教学：提升区域育人质量的策略研究

	978 - 7 - 5760 - 0212 - 6	56.00	2020 年 8 月
聚焦学科核心素养的课堂教学	978 - 7 - 5675 - 8455 - 6	36.00	2018 年 11 月
指向学科核心素养的课堂教学范式	978 - 7 - 5675 - 8671 - 0	54.00	2019 年 6 月

学校课程发展丛书

数学学科课程群	978 - 7 - 5675 - 9445 - 6	58.00	2019 年 8 月
科学学科课程群	978 - 7 - 5675 - 9593 - 4	34.00	2019 年 9 月
核心素养与课程设计	978 - 7 - 5675 - 9462 - 3	46.00	2019 年 9 月
语文学科课程群	978 - 7 - 5675 - 9441 - 8	56.00	2019 年 9 月
品牌培育与学校课程	978 - 7 - 5675 - 9372 - 5	39.00	2019 年 9 月
英语学科课程群	978 - 7 - 5675 - 9575 - 0	39.00	2019 年 10 月
体艺学科课程群	978 - 7 - 5675 - 9594 - 1	34.00	2019 年 10 月

跨学科课程的 20 个创意设计

	978 - 7 - 5675 - 9576 - 7	34.00	2019 年 10 月
学校课程与文化变革	978 - 7 - 5675 - 9343 - 5	52.00	2019 年 10 月

品质课程实验研究丛书

学校课程框架的建构：HOME 课程的旨趣与架构

	978 - 7 - 5675 - 9167 - 7	36.00	2019 年 9 月

聚焦育人目标的课程设计：红棉花季课程的愿景与追求

	978 - 7 - 5675 - 9233 - 9	39.00	2019 年 10 月

核心素养导向的课程设计：花园式课程的文化与聚焦

978 - 7 - 5675 - 9037 - 3   48.00   2019 年 10 月

学校课程文化的实践脉络：百步梯课程的逻辑与架构

978 - 7 - 5675 - 9140 - 0   48.00   2019 年 11 月

学校课程发展策略：SMILE 课程的逻辑与深度

978 - 7 - 5675 - 9302 - 2   46.00   2019 年 12 月

聚焦内涵发展的课程探究：芳香式课程的理念与实施

978 - 7 - 5675 - 9509 - 5   48.00   2020 年 1 月

以儿童为中心的课程：欢乐谷课程的旨趣与维度

978 - 7 - 5675 - 9489 - 0   45.00   2020 年 1 月

学校课程体系的建构："小螺号课程"的架构与创生

978 - 7 - 5760 - 0445 - 8   45.00   2020 年 9 月

特色学校聚焦丛书

每一个孩子都是一棵树   978 - 7 - 5675 - 6978 - 2   28.00   2018 年 1 月

教育不是一个人的事："众教育"36 条

978 - 7 - 5675 - 7649 - 0   32.00   2018 年 8 月

不一样的生命，一样的精彩   978 - 7 - 5675 - 8675 - 8   34.00   2019 年 3 月

童味正醇：特色学校的文化图谱 978 - 7 - 5675 - 8944 - 5   39.00   2019 年 8 月

特色普通高中课程建设探索   978 - 7 - 5675 - 9574 - 3   34.00   2019 年 10 月

儿童是天生的探索者：360°科学启蒙教育

978 - 7 - 5675 - 9273 - 5   36.00   2020 年 2 月

做精神灿烂的教师：教师自我成长的 5 个密码

978 - 7 - 5760 - 0367 - 3   34.00   2020 年 7 月

让教育温暖而芬芳　　　　　　978 - 7 - 5760 - 0537 - 0　　36.00　　2020 年 9 月

跨学科课程丛书

大情境课程：主题设计与创意评价

　　　　　　　　　　　978 - 7 - 5760 - 0210 - 2　　44.00　　2020 年 5 月

社会参与素养的培育模型与干预机制

　　　　　　　　　　　978 - 7 - 5760 - 0211 - 9　　36.00　　2020 年 5 月

大概念课程：幼儿园特色主题活动设计

　　　　　　　　　　　978 - 7 - 5760 - 0656 - 8　　52.00　　2020 年 8 月

核心素养导向的课堂教学丛书

漾着诗性智慧的课堂教学　　978 - 7 - 5675 - 9308 - 4　　39.00　　2019 年 7 月

转识成智的课堂教学：核心素养导向的历史教学

　　　　　　　　　　　978 - 7 - 5760 - 0164 - 8　　40.00　　2020 年 5 月

学导式教学：学会学习的教学范式

　　　　　　　　　　　978 - 7 - 5760 - 0278 - 2　　42.00　　2020 年 7 月